KB190536

그리움을 품고 산다는 것

아슬아슬한 희망을 품고 고단한 시간을 건너는 길벗들에게

김기석 지음

그리움을 품고 산다는 것

비아
토르
viator

차례

낯선 시간 속을 걷는 길벗들을 그리며

낯선 길을 갈 때면 시시때때로 불안감이 찾아온다. 제대로 가고 있는지, 제시간에 도착할 수 있을지, 위험을 맞닥뜨리는 것은 아닌지. 외국의 낯선 도시에 당도하면 마치 어린아이가 된 것처럼 사방을 두리번거리며 눈치를 본다. 도시의 분잡한 거리에서도 전혀 당혹감을 보이지 않는 비둘기가 부러울 때도 있다. 낯익은 곳에서 감당해야 하는 역할과 기대에서 벗어나 나를 아는 이가 하나도 없는 곳에서 살고 싶다는 꿈을 꾸지 않는 사람이 있을까? 낯선 장소는 '홀로'라는 사실이 시시때때로 상기되는 곳이다. 먼 곳에 있는 누군가를 기억 속에 소환하기도 하는 것은 외로움을 달래고 싶기 때문이다.

따지고 보면 우리는 모두 낯선 시간 속을 걸어간다. 장소는 익숙해도 시간은 늘 새롭게 다가오기 때문이다. 삶의 관성이 있기에 새롭게 다가오는 시간도 어제의 그 시간처럼 여기며 살 뿐이다. 그러다가 어떤 이유에서건 특정한 장소에 유폐되었다 풀려난 사람들은 낯익은 장소가 환기하는 낯섦에 놀란다. 익히 알던 장소가 새롭게 다가오는 것이다. 무표정한 얼굴로 길을 걷는 사람도 새롭고, 아무 일도 없었다는 듯이 질주하는 차량의 행렬도 그러하다. 세상은 달라지지 않았지만, 그의 경험 세계가 달라졌기 때문이다.

코로나19는 전혀 예기치 않은 방식으로 우리를 낯선 장소와 시간 속으로 데려갔다. 누구도 경험해 본 적이 없는 현실이었다. 처음에는 당혹감을 느꼈지만 '이 또한 지나가리라' 생각하며 조금만 견디면 된다고 스스로 다독였다. '사회적 거리 두기'라는 말이 우리의 어휘 목록에 추가되었고, 어쩌다 길거리에서 마스크를 착용하지 않은 사람을 보면 눈살이 찌푸려졌고, 어딜 가든 체온을 재고 QR 코드를 찍는 일이 익숙해졌다. 오전 10시가 되면 중대본이 발표하는 확진자 수를 확인하며 한숨을 내쉬곤 한다.

지금 우리에게 익숙한 또 하나의 단어는 '비대면 예배'다. 교회에서 모이는 예배를 중단한다는 것은 우리 상상 속에 들어 있지 않았다. 현실은 언제나 인간의 상상을 넘어선다. 처음 확진자가 발생한 어느 교회가 두 주 동안 집합 금지 명령을 받고 예배를 중단하는 것을 보았을 때만 해도 예외적 현실이라는 생각이 들었다. 하지만 바이러스는 우리의 모든 것을 멈춰 세웠다. 대면 예배는 중단되었고, 교회 문은 굳게 닫혔다. 영상을 통한 예배는 이제 선택이 아닌 필수가 되었다.

사람들이 드나들지 않는 예배당은 쓸쓸하기 이를 데 없다. 아무도 없는 텅 빈 예배당에 올라가 홀로 앉아 있으면 환청처럼 우렁찬 찬송 소리가 들린다. 식탁 친교를 나누던 지하 친교실에 가서 어둠 속에 서 있으면 소곤소곤 두런두런 사람들이 나누는 이야기, 마치 폭죽 터지듯 터지던 웃음소리가 떠오른다. 주방 국 솥에서 자욱하게 피어오르던 김이며, 설거지하다 잠시 허리 쉼을 하는 교우들의 얼굴도 떠오른다. 일상이 더 이상 당연하지 않을 때 기억 속에 환기되는 일상은 다양한 색깔로 다가온다.

공식적인 예배 시간을 통해 코로나 시대에 우리가 붙들어야 할 본질적 가치가 무엇인지 선포했지만, 조금 더 친밀하게 나누고 싶은 이야기가 있었다. 그것이 '목회 서신'이라는 이름으로 매주 교우들에게 발송한 편지다. 다른 이름이 떠오르지 않아 그런 이름을 택하긴 했지만, 사실은 얼굴을 마주하여 만날 수 없는 교우들을 향한 말 건넴이었다. 어쩌면 그것은 우리가 함께 잃어버린 시간을 기록하는 동시에 우리의 지향을 상기시키려는 기록자의 의무감 때문이었는지도 모르겠다. 처음에는 우리가 혼자가 아니라는 사실, 친밀한 소통은 불가능해도 우리가 긴밀하게 연결되어 있다는 사실을 일깨우고 싶었다. 그러나 이런 편지는 언제나 일방적이다. 다중을 상대로 하기 때문이다. 수신자들은 이 편지가 자신을 향해 발화된 것으로 여기지 않는다. 그럴 때 편지는 독백이 된다.

가끔은 '어이' 하는 소리에 '어이' 하고 대꾸해 주는 사람을 기다렸지만, 그런 기대는 일찌감치 접고 말았다. 벼랑 끝에 선 듯 위태로운 나날을 보내는 분들에게는 이 편지가 너무 한가롭게 들릴 수도 있겠다는 생각이 들었다. 교인들이 겪는 그 절절한 삶의 현장을 잘 알지 못한다는 무력감이 나를 사로잡기도 했다. 편지를 그만 쓸까 하는 생각이 들 때도 있었다. 말의 부질없음에 대한 자각이 확고히 나를 사로잡을 때가 있다. 할 말이 없을 때도 있었고, 하기 싫을 때도 있었다. 그래도 비대면 상황에서는 한 주도 거르지 않고 편지를 썼다.

개신교회가 지탄의 대상이 되었다. 이런 평가가 어제오늘의 일은 아니지만, 이제 '교회' 하면 '지긋지긋하다'는 말까지 나왔다. 사람들에게 분노를 넘어선 염증을 유발하는 집단이라는 평가인 것이다. 오랫동안 신앙인이라는 정체성을 품고 살던 이들이 느끼는 고통과 비애와 상실감이 참으로 크다. 처음부터 그런 것은 아니지만, 지금은 부러진 다리에 부목을 대는 심정으로 편지를 쓴다. 이제 다시금 무너진 터전을 일으켜 세워야 한다. 폐허 더미를 정리하고 새로운 신앙의 집을 지어야 한다. 울면서 씨를 뿌려야 할 때다.

'나 홀로'라는 생각에 골똘하다 보면 세상의 어둠이 더욱 짙게 느껴진다. 그런 휘휘한 마음을 위로하는 것은 저편 어딘가에서 같은 꿈을 꾸는 이들이 있다는 사실이다. 사실 그러한 동료들은 멀리 있지 않다. 가까이 있고, 손이 닿을 만한 곳에 있지만 알아차리지 못할 뿐이다. "반딧불로 별을 대적하랴"란 옛말이 있지만, 어둠 속에서 마치 크리스마스트리의 꼬마전구처럼 반짝이는 반딧불 무리를 보는 이들은 누구나 현실의 중력에서 벗어나 더 큰 세상을 바라보게 된다. 희망은 그렇게 우리에게 다가온다. 고정희 시인은 〈상한 영혼을 위하여〉라는 시에서 "뿌리 깊으면야/ 밑둥 잘리어도 새순은 돋거니"[1]라고 노래했다. 도저한 희망의 선언이다. 이 희망을 가슴에 품고 어두운 시기를 건너야 한다.

교우들을 염두에 두고 쓴 편지지만, 이 편지는 순례자로 살아가는 모든 이에게 보내는 편지이기도 하다. 비아토르 김도완 대표는 이 편지를 공적 자산으로 삼자고 나를 설득 주님 안에서 순례자로 살아가는 여러분, 주님의 평안을 빕니다.

사순절이 깊어 가고 있습니다. 코로나19가 우리 삶에 폭풍처럼 닥쳐올 때만 해도, 두어 주만 지나면 우리가 다시 만나 주님께 예배할 수 있으리라 생각했습니다. 그러나 아직도 상황은 극복되지 않고 있습니다. 날마다 교회 마당가에 심긴 매화나무를 살피며 무심한 시간의 흔적을 더듬고 있습니다. 꽃망울이 벙글어질 무렵부터 꽃잎이 속절없이 떨어지기 시작하는 지금까지 꽤 긴 시간을 우리는 헤어져 지내야 했습니다. 유정한 인간은 속이 타는데 자연은 무심하게 제 본연의 시간을 살고 있습니다.

가끔 예배당은 물론 교회 곳곳에 무심히 눈길을 줄 때가 있습니다. 그곳에 앉아 예배를 드리고 담소하던 교우들의 모습을 그리움으로 떠올립니다. 예레미야는 하나님과의 언약을 저버린 백성들이 감내해야 할 고통과 파괴의 시간을 예고한 후에, 시련의 시간이 지나면 아름다운 일상이 회복될 것이라며 그 비전을 이렇게 담아냈습니다.

나 주가 말한다. 너희들은 '이 곳이 황폐하여 사람도 없고 짐승도 없다'고 말하지만, 지금 황무지로 변하여, 사람도 없고 주민도 없고 짐승도 없는 유다의 성읍들과 예루살렘의 거리에 또다시, 환호하며 기뻐하는 소리와 신랑 신부가 즐거워하는 소리와 감사의 찬양 소리가 들릴 것이다. 주의 성전에서 감사의 제물을 바치는 사람들이 이렇게 찬양할 것이다. '너희는 만군의 주님께 감사하여라! 진실로 주님은 선하시며, 진실로 그의 인자하심 영원히 변함이 없다'(렘 33:10-11).

지금 제 귀에는 환청처럼 교우들의 음성이 들려옵니다. 함께 기뻐하는 소리, 찬양의 소리가 이 공간을 가득 채울 날을 저는 그리움으로 기다립니다.

가장 미세한 바이러스가 인간이 구축해 온 문명의 토대를 뒤흔드는 모습을 바라보면서 우리가 얼마나 오만하게 살아왔는지 돌아보지 않을 수 없습니다. 많은 학자가 이런 사태는 인간이 자행한 환경 파괴, 그리고 그로 인한 기후 변화와 무관하지 않다고 지적합니다. 동물들의 서식지가 파괴되고 동물 세계와 인간 세계의 경계가 무너지면서 동물의 몸에 깃들어 살던 바이러스가 인간에게 옮겨 온 것이라는 말입니다. 생물학적·의학적 지식은 전문가들 몫이지만, 이런 모든 일의 뿌리에 인간의 과도한 탐욕이 있다는 사실을 지적하지 않을 수 없습니다. 코로나19는 풍요로움과 편리함을 절대적 가치인 양 추구하는 삶이 얼마나 위험한지를 보여 주는 표징입니다.

그러나 또 다른 표징도 있습니다. 많은 이가 질병을 물리치기 위해 헌신하고 있습니다. 위험을 피해 달아나기는커녕 위험 속으로 뚜벅뚜벅 걸어 들어간 의료진들, 방역 업무에 온 힘을 다하는 이들, 자원봉사자들, 십시일반으로 마음을 모아 곤경에 처한 이웃을 돕는 사람들이 있습니다. 그들은 여전히 인간이 꽃보다 아름답다는 사실을 가리키는 분들입니다. 거룩함이 그렇게 발현되고 있습니다. '사회적 거리 두기' 혹은 '잠시 떨어져 지내기'는 우리를 쓸쓸하고 불편하게 만들지만, 그런 가운데서도 우리가 서로 연결되어 있다는 사실을 상기시키는 이들이 있어 세상은 든든히 유지됩니다.

많은 교우가 이 아름다운 일에 동참해 주셨습니다. 재해 헌금을 보내 주신 분들도 있고, 마스크를 비롯해 방역에 필요한 물품을 보내 주신 분들도 계십니다. 영상을 통해 외친 소리에 메아리처럼 응답해 주신 분들 모두에게 감사합니다. 보내 주신 것은 이미 그것을 가장 절실히 필요로 하는 이들에게 전달했습니다. 앞으로도 이런 나눔의 실천은 지속할 것입니다. 저는 우리 교우들이 보여 주는 이웃 사랑의 실천에 깊은 감명을 받고 있습니다. "별들의 바탕은 어둠이 마땅하다"[2]는 시구詩句가 있습니다만, 이렇게 어렵고 우울한 시대에 별처럼 빛나는 이들이 있다는 것이 얼마나 고맙고 자랑스러운지 모릅니다.

앞으로도 몇 주 동안은 각자 집에서 예배를 드리는 것이 불가피한 상황입니다. 연세 드신 어르신들에게는 매우 낯선 상황이지만, 잠시만 더 인내해 주시기를 부탁드립니다. 감리교인들은 세 가지 행동 지침을 가슴에 품고 삽니다. 단순하지만 강력한 실천 방향입니다.

해를 끼치지 말라.
선을 행하라.
주님에 대한 사랑과 이웃 사랑 안에 머물라.

많은 사람이 모이는 곳이기에 교회는 감염의 우려가 큰 것이 사실입니다. 실제로 교회에서 발생한 감염으로 교회가 지탄의 대상이 되고 있어 안타깝습니다. 우리 신앙은 모든 경계를 뛰어넘는 것이지만, 실체로서의 교회는 시민 사회의 상식과 동떨어져서는 안 됩니다.

사순절 순례 여행은 잘 하고 계신지요? 사순절 달력에 있는 성경 본문으로 묵상하고 제시된 실천 사항을 잘 지켜 가면, 우리 영성은 맑아지고 깊어질 것입니다. 목회실 식구들은 기도 중에 교우들을 기억하려고 노력하고 있습니다. 어떤 형태든 도움이 필요한 분은 언제라도 연락을 주십시오. 수난의 골짜기 깊은 곳으로 들어가시는 주님의 뒷모습이 쓸쓸해 보입니다. 하지만 주님은 한순간도 혼자가 아니셨습니다. 그를 보내신 분이 동행해 주셨기 때문입니다. 주님은 우리에게도 외로운 이들의 동행이 되라 말씀하십니다. 오늘 아침 홍매화도 붉은 꽃을 피우기 시작했습니다. 인근 초등학교 정문 옆에 있는 목련도 흰 꽃을 터뜨리기 시작했습니다. 우리 가슴에도 이런 신앙의 꽃들이 흐드러지게 피어나기를 빕니다. 내내 주님 안에서 평안하시기를 빕니다.

2020년 3월 20일

자꾸 그리다
마음에 새겨진 그리움

나는 주 너의 하나님이다. 내가 너의 오른손을
붙잡고 있다. 내가 너에게 말한다. 두려워하지
말아라. 내가 너를 돕겠다(사 41:13).

주님의 평강과 은혜를 빕니다.

주님께서 큰 손으로 어려운 시기를 지나는 모든 분을 보호해 주시기를 빕니다. 해외에 머무는 교우들도 하나님의 각별한 도우심으로 무고하시기를 빕니다. 또 한 주가 이렇게 지나가고 있습니다. 날마다 뉴스를 찾아보며 코로나19의 거친 불이 잡혔다는 소식을 듣기 원했지만, 그런 기쁜 소식은 들려오지 않습니다. 전문가들은 감염병과 더불어 사는 것을 새로운 일상으로 받아들여야 한다고 말하기도 합니다. 그럴 수밖에 없는 상황이라는 것을 인정하면서도 왠지 울적해지는 기분을 금하지 못하겠습니다. 불어오는 바람에 속절없이 꽃잎을 떨군 매화나무가 쓸쓸해 보입니다. 하지만 꽃 진 자리에 열매가 맺힘을 알기에 꽃과의 작별도 서럽지는 않습니다. 교회에서 집으로 오가는 길에 자꾸만 저도 모르게 김소월의 시 〈가는 길〉을 읊조리곤 합니다.

그립다
말을할까
하니 그리워

그냥 갈까

그래도
다시 더한番…

저山에도 가마귀, 들에 가마귀,
西山에는 해진다고
지저귑니다

앞江물, 뒷江물
흐르는물은
어서 따라오라고 따라가쟈고
흘너도 넌다라 흐릅듸다려[3]

　뒤도 안 돌아보고 매몰차게 거침없이 앞으로 나아가지
못하고, 주저하고 망설이는 게 영락없는 제 몰골입니다. 까
마귀가 저녁이 다가온다고 알리고, 흐르는 물은 따라오라
고 말하지만, 자꾸만 뒤를 돌아보는 시의 화자가 왠지 정
겹습니다. '그리움'이라는 말 때문일 것입니다. 교우들을
그리워하는 마음이 병이 되었나 봅니다. '그리움'은 '그리
다'라는 말에서 나온 것인지도 모르겠습니다. 마음에 자꾸
그리다가 결국 마음에 새겨진 게 그리움 아니겠습니까? 늘
만날 수 있을 때는 몰랐습니다. 떨어져서 바라보아야 우리

일상이 기적임을 알게 됩니다. 이제 여러분들과 더 깊이 만날 수 있을 것 같습니다. 서로의 마음을 헤아리고, 함께 웃고, 함께 슬퍼하고, 함께 기도하고 찬양하는 기쁨을 한껏 누리고 싶습니다.

사순절이 깊어 가고 있습니다. 사순절은 우리에게 버릴 것을 버리고 취할 것을 취하라고 요구합니다. 사순절 내내 우리를 사로잡고 있는 코로나19 사태는 우리 삶을 돌아보라고 말합니다. 어떤 이가 이 사태에 직면하여 깊이 숙고한 후에 쓴 글을 읽었습니다. 문명사의 변화를 앞서 예견하는 이의 혜안을 느낄 수 있었습니다. 열네 항목으로 된 글인데, 그는 이 사태가 우리에게 상기하는 바를 적확하게 드러냈습니다. 몇 가지만 소개하겠습니다.

[코로나19는] 우리가 모두 동등하다는 사실을 상기시켜 줍니다. 종교, 문화, 직업, 재정 상황, 명성과 관계없이 우리는 모두 질병 앞에 평등합니다. 질병은 우리 모두를 동등하게 대하고, 우리도 아마 그렇게 해야 할 겁니다. … [코로나19는] 우리가 모두 연결되어 있고 한 사람에게 영향을 미치는 것이 다른 사람에게 영향을 미친다는 것을 상기시켜 줍니다. 이것은 또한 우리가 쌓아 올린 거짓 장벽들이 아무 소용이 없음을 일깨워 줍

니다. 이 바이러스는 여권이 필요 없기 때문입니다. 이 질병은 단기간 우리를 괴롭게 함으로써, 이 세상에는 온 생애를 억압 속에서 살아가는 이들이 있음을 기억하라고 말합니다. 코로나19는 진짜 우리 일이 무엇인지를 가르칩니다. 우리가 하는 일은 단지 직업일 뿐입니다. 우리가 창조된 것은 그 일을 위해서가 아닙니다. 우리의 참된 소명은 서로 돌보고, 보호하고, 서로에게 보탬이 되는 것입니다.[4]

이런 사실만 깊이 숙고해도 좋을 것 같습니다. 글 말미에 그는 "많은 이들이 코로나19 바이러스가 큰 재앙이라고 말하지만, 나는 오히려 이것을 '위대한 교정자'라고 부르고 싶습니다"라고 말했습니다. 저도 이 말을 진지하게 받아들이고 싶습니다. 코로나19가 우리 삶 전반을 돌아보고 새로운 삶의 방식을 채택할 것을 요구하고 있으니 말입니다. 이 상황을 일시에 바꿀 힘은 우리에게 없지만, 신앙과 삶을 점검하는 기회로 삼을 수는 있습니다.

이번 주에도 많은 분이 어려운 이웃을 위해 써 달라며 헌금을 보내 주셨습니다. 사랑의 곳간이 그득하게 찼습니다. 그것은 수렁 속에 빠져들 듯 낙심하는 이들을 건져 올리는 데 유용하게 사용할 것입니다. 보내 주신 마스크 1,000여 매는 쪽방촌, 이주 노동자 돌봄 단체, 홈리스행동 등에 골고루 보내 드렸습니다. 모두가 어렵다고 말하는 때에 사랑의 등불을 밝히는 이들이 있어 마음 든든합니다. 절실하게 도움이 필요하신 교우가 있다면, 망설이지 말고 말씀해 주십시오. 우리가 할 수 있는 일이 무엇인지 찾아보겠습니다.

이제 얼마 지나지 않아 종려 주일과 고난 주간이 다가옵니다. 고난을 회피하기는커녕 기꺼이 고난 속으로 걸어가셨던 그리스도의 마음과 깊이 접속할 수 있으면 좋겠습니다. 하나님의 뜻을 이루기 위해 목숨을 바치신 주님의 사랑이 우리를 살게 합니다. 믿는 이들에게 요구되는 것은 인내와 믿음입니다. 가물 때 더 깊이 뿌리 내리는 나무처럼 어려운 이 시간에 우리 믿음이 더 깊어지기를 바랍니다.

각별히 건강에 유의하십시오. 그리고 서로의 이름을 부름으로써 우리가 피차 이어져 있음을 확인하십시오. 다시 만날 그날, 서로 나눌 수 있도록 가슴에 따뜻하고 맑은 기운을 가득 채우십시오. 지금 우리가 걷는 길이 곤고하다 해도 우리 곁을 지키시는 든든한 동행이 계십니다. 그분과 더불어 한 주간도 생명의 향기, 평화의 빛이 되어 사십시오.

2020년 3월 27일

새 시대의
산파가 되어

내가 이것을 너희에게 말한 것은, 너희가 내 안에서 평화를 얻게 하려는 것이다. 너희는 세상에서 환난을 당할 것이다. 그러나 용기를 내어라. 내가 세상을 이겼다(요 16:33).

주님의 은총이 여러분과 함께하시길 빕니다.

한 주간도 무탈하게 잘 지내셨는지요? 도처에서 왈큰왈큰 피어나는 꽃들이 봄을 실감하게 합니다. 화사한 복사꽃, 명자나무 붉은 꽃이 연록의 숲을 화려하게 치장하더니, 수수꽃다리도 아름답게 피어나 향기를 내뿜고 있습니다. 절로 흥겨운지 딱새, 박새, 노랑턱멧새, 직박구리도 나무 사이를 경쾌하게 날아다닙니다. 우울한 것은 그저 사람뿐인 듯싶습니다. 흐드러지게 핀 벚꽃과 유채꽃 사이를 걷고 싶은 것은 비단 젊은이들만의 춘정이겠습니까? 그러나 그것마저 누릴 수 없는 봄이 야속하기만 합니다.

가끔 공원을 걷다가 망연히 서서 운동 기구를 이용하는 이들을 바라볼 때가 있습니다. 젊은 분들보다 연세 지긋한 분들이 많습니다. 마스크 위로 드러난 얼굴의 주름과 희끗희끗한 머리를 보며 교회 어르신들을 떠올립니다. 누구보다도 교회에 오고 싶으실 텐데, 차마 그럴 수 없어서 마음으로만 끌탕하는 그 마음 제가 왜 모르겠습니까? 그래도 남에게 폐를 끼치면 안 된다는 생각이 그저 고맙기만 합니다. 이 기다림의 시간이 언제까지 이어질지 모르지만, 모두 건강 잘 유지하시기를 기도할 뿐입니다.

다 아시다시피 이번 주일은 종려 주일이고, 이어 한 주 동안 고난 주간이 이어집니다. 유대교인들도 이 주간을 매우 소중히 여깁니다. 유월절 명절이 다가오기 때문입니다. 하나님은 애굽에서 종살이하던 이스라엘 사람들의 신음을 들으시고 역사 속에 깊이 개입하셨습니다. 애굽의 찬란한 문명은 사실 노예들의 피땀으로 세워진 것이었습니다. 애굽에 내렸던 첫 번째 재앙은 물이 피로 변하는 것이었습니다. 그 재앙은 하나님의 형상대로 지음받은 사람을 도구처럼 이용했던 문명의 본질이 폭력임을 폭로하고 있습니다. 피는 그 폭력의 상징입니다.

아홉 번째 재앙은 애굽 온 땅에 사흘 동안 짙은 어둠이 내리는 것이었습니다. 이 재앙은 '태양신의 나라'를 자처하는 애굽과 태양신의 아들을 자처하는 바로가 얼마나 무력한지를 드러내 보여 주었습니다. 그 빛은 가짜 빛이었습니다. 바다 위를 환히 비추는 집어등에 홀려 오징어는 죽음을 맞이합니다. 아홉째 날의 재앙은 그 빛의 실체가 어둠임을 드러냅니다. 그런데 성경은 "이스라엘 자손이 사는 곳에는 어디에나 빛이 있었다"(출 10:23)라고 말합니다. 그 빛은 창조의 첫날 창조하신 그 빛입니다. 혼돈과 공허와 흑암을 뚫고 터져 나온 빛 말입니다. 하나님은 언제나 절망에 빠진 이들 속에서 빛을 창조하십니다. 지금은 물론 어둠의 날입니다. 힘겹습니다. 모두가 어디에서 희망을 찾아야 할지 모르겠다고 말합니다. 그러나 우리는 확신하니다. 하나님은 이미 우리를 위해 희망을 준비하고 계십니다. 마치 이스라엘을 구하기 위해 모세를 태어나게 하셨던 것처럼 말입니다.

그러나 모세의 탄생 못지않게 우리가 기억해야 할 사람이 있습니다. 산파인 십브라와 부아입니다. 바로가 그들을 불러서 히브리 여인이 아이를 낳을 때 잘 살펴서 태어난 아기가 아들이거든 죽이고, 딸이거든 살려 두라고 명령했지만, 두 여인은 그 명을 거역했습니다. 왕의 지엄한 명령을 어기는 것이 얼마나 위험한 일인지 몰라서가 아닙니다. 차마 연약한 생명을 죽일 수 없었기 때문입니다. 이 마음이 하나님의 구원 드라마의 서곡입니다.

많은 이들이 코로나19 이후 시대의 삶은 이전까지의 삶과 같을 수 없다고 말합니다. 저 역시 같은 생각입니다. 우리 사회 전체가 재편될 수밖에 없습니다. 사회 조직, 노동 형태, 관계 맺는 방식, 교육, 삶의 방식은 물론이고 교회 형태도 달라질 가능성이 큽니다. 무엇보다 중요한 것은 인간 중심의 세계관에서 벗어나 생태 중심 사고로 전환하는 것입니다. 모든 가치가 돈으로 환원되는 삶이 얼마나 폭력적인 삶이었는지를 우리는 이제야 절실하게 깨닫고 있습니다. 가장 앞선 것처럼 보이던 유럽을 비롯한 서구 사회가 사실은 얼마나 취약한 토대 위에 서 있는지를 우리는 목도

하고 있습니다. 공공성이 무너진 각자도생의 사회는 위험에 처한 사회입니다. 코로나19는 우리 문명을 생명 중심으로 재편하라는 하나의 부르심입니다. 우리는 이 시대에 십브라와 부아로 부름을 받았습니다. 불평등과 억압과 불의가 만연한 세상에서 벗어나 모두가 서로를 귀히 여기는 새로운 질서를 만들어야 합니다. 이것이 이 시대 기독교인들에게 주어진 소명입니다.

세례자 요한은 예수님을 가리켜 '세상 죄를 지고 가는 하나님의 어린양'이라 했습니다. 세상의 모든 어둠과 죄와 모순 그리고 연약함까지 당신 어깨에 짊어지시고 주님은 죽음의 언덕을 오르셨습니다. 세상 사람들은 그것을 한 인간의 처절한 실패로 바라보지만, 믿음의 눈이 열린 이들은 바로 그것이 구원의 문임을 또한 깨닫습니다. 자기가 살기 위해 다른 이들을 희생시키는 것이 아니라, 자기를 희생해 남을 살리는 것, 이것이 기독교 신앙의 핵심입니다. 우리는 사순절의 막바지에 그 사실을 깊이 명심해야 합니다.

월요일부터 토요일까지 유튜브를 통해 그날의 말씀을 함께 나누는 시간을 가지려 합니다. 대략 15분에서 20분 정도가 될 것입니다. 요일별로 목회자들이 번갈아 가며 말씀을 전할 것입니다. 그저 생각의 실마리를 제공하려는 것입니다. 가장 편리한 시간에 고요한 장소에서 그 말씀과 만나십시오. 그 말씀을 새기고, 삶에 적용하는 것은 여러분 몫입니다. 말씀은 우리가 세속의 물결에 떠밀려 가지 않게 해 주는 영혼의 닻입니다. 동시에 우리가 가야 할 방향으로 우리를 안내하는 키입니다.

외로움이 증대되는 시절이지만, 우리가 그분의 큰 품 안에 함께 있다는 사실을 잊지 마십시오. 그리고 서로의 이름을 부르는 기쁨도 누려 보십시오. 한 주간 주님께서 환한 얼굴로 우리를 대해 주시기를 빕니다. 그 빛을 내면에 간직한 채 어둠 속을 걷는 이들의 동행이 되기 위해 노력하십시오. 주님이 우리 가운데 계십니다.

2020년 4월 3일

우리에게는
날개가 있습니다

한 지체가 고통을 당하면, 모든 지체가 함께 고통을 당합니다. 한 지체가 영광을 받으면, 모든 지체가 함께 기뻐합니다. 여러분은 그리스도의 몸이요, 따로 따로는 지체들입니다(고전 12:26-27).

주님의 평화가 교우 여러분과 모든 가정에 임하시기를 빕니다.

벌써 4월 중순을 지나고 있습니다. 이제 내일이면 벌써 곡우 절기가 시작됩니다. 〈농가월령가〉는 청명·곡우 절기의 풍경을 이렇게 노래합니다.

> 춘일春日[5]이 재양載陽[6]하여 만물萬物이 화창和暢하니, 백화百花는 난만爛漫[7]하고 새 소리 각색各色이라. 당전堂前[8]의 쌍雙 제비는 옛집을 찾아오고, 화간花間의 범나비는 분분紛紛[9]히 날고 기니, 미물微物도 득시得時[10]하여 자락自樂[11]함이 사랑홉다.

한자투여서 읽기 괴로우시겠지만, 그래도 글의 리듬을 맛보시라고 그대로 살려 두었습니다. 봄날의 흥겨움이 여실히 느껴지는 나날입니다.

전도서 기자는 "하나님은 모든 것이 제때에 알맞게 일어나도록 만드셨다"(전 3:11)고 말합니다. 저는 삶이 곤고하다고 느낄 때마다 이 구절을 기억합니다. 그리고 하나님의 때를 바라보고 또 기다립니다. 하나님의 때에 깃든 아름다움을 보기 위해 노력합니다. '알맞게'라고 번역된 히브리어 '야페yapheh'는 '적당하게', '아름답게', '어울리게'라는 뜻을 내포합니다. 하나님의 질서 안에서 살아갈 때 삶의 비애는 줄어듭니다. 투덜거림을 그칠 때 명랑한 삶이 시작됩니다. "이제 나는 깨닫는다. 기쁘게 사는 것, 살면서 좋은 일을 하는 것, 사람에게 이보다 더 좋은 것이 무엇이랴!"(전 3:12)

지금 우리가 겪는 현실이 녹록지 않습니다. 경제적 어려움을 겪는 분들도 계시고, 감염에 대한 공포 때문에 두문불출하는 분들도 계십니다. 뜻지 않은 질병으로 어려움을 겪는 교우들도 계십니다. 어려운 시절이라 피차 조심하느라 알리지도 않고 노심초사하셨던 분들도 계십니다. 코로나19 위기가 조속히 지나가기를 바라지만, 전문가들은 성급한 낙관론을 경계하는 분위기입니다. 이것을 '새로운 일상'으로 받아들여야 한다고 말합니다. 앞으로 정말 많은 변화가 일어날 것입니다. 그 변화에 능동적으로 대처해야 할 때입니다.

다행히 우리나라는 확진자가 줄어드는 추세지만, 다른 나라의 형편은 그렇지 않습니다. 세계는 연결되어 있기에 우리는 여전히 비상 상황 속에 있어야 합니다. 미국에서 코로나19로 사망한 사람들 가운데 아프리카계 미국인이 많다는 사실은 무엇을 말해 줍니까? 바이러스는 사람을 가리지 않지만, 감염 이후의 상황은 사람에 따라 사뭇 다르다는 사실을 보여 줍니다. 의료 보험이 없는 사람들은 속절없이 죽음의 위기에 내몰리고 있습니다. 의료 시스템이 취약한 나라, 사회 안전망이 부실한 나라는 정말 큰 어려움을 겪을 수밖에 없습니다. 지구촌에 있는 인구 밀집 지역은 대개 가난한 이들이 많이 삽니다. 코로나19가 그곳을 휩쓸면 정말 재앙적 상황을 맞이할 수도 있습니다. 눈 밝은 이들은 이런 위기 상황 가운데서 억압적이고 권위주의적인 정치 세력이 부상할 가능성을 경계하고 있습니다.

우리는 다행스럽게도 재앙적 상황에서 벗어나고 있는 것처럼 보이지만, 그렇다고 하여 안도의 한숨만 내쉬어서는 안 됩니다. 하나님의 숨결이 깃든 지구가 지금 신음하고 있습니다. 하나님이 공들여 지으신 작품들이 위태로운 벼랑으로 내몰리고 있습니다.

어떤 이들은 코로나19 이후에 종교계에도 큰 변화의 바람이 불 것이라고 말합니다. 신앙생활도 어떤 의미에서는 '습관'과 무관하지 않은데, 교회에 출석하지 않는 시간이 길어지면서 그런 생활에 익숙해질 거라는 우려도 있습니다. 그런가 하면 2차 세계 대전이 끝난 1945년 이후에 미국에서 종교 부흥 운동이 일어났던 것처럼, 각박하고 힘겨운 세태 속에서 정신적 피난처를 찾는 이들이 늘어날 거라고 말하는 이들도 있습니다. '교회가 쇠퇴할 것인가, 부흥

할 것인가'도 물론 매우 중요한 관심사지만, 그보다 더 중요한 것은 그리스도의 뜻을 바르게 이해하고, 그 길에서 벗어나지 않는 것입니다.

바울 사도는 교회를 그리스도의 몸이라고 설명했습니다. 몸에 있는 지체들 하나하나가 다 소중합니다. 그 지체들이 다 저마다의 역할을 잘 감당할 때 교회는 건강하다고 말할 수 있습니다. 교회만 그런 것이 아닙니다. 본래 인간은 서로 기대고 살 수밖에 없는 존재입니다. 창세기의 인간 창조 이야기는 "네가 있어 내가 있다"라는 사실을 증언하고 있습니다. 철학자 마르틴 하이데거는 인간을 가리켜 '다자인$^{Da-sein}$'이라고 설명합니다. 보통 '현존재'라는 말로 번역하는데, 사람은 저마다 주어진 삶의 자리에서 책임 있는 존재로 살아야 한다는 말일 겁니다.

인간은 또한 '서로-함께-존재'입니다. 바울 사도의 편지에서 우리가 자주 발견하는 단어가 '서로'입니다. 서로 존경하고, 서로 무거운 짐을 지고, 서로 사랑하고, 서로 이해하고, 서로 섬기고, 서로 용납하는 것이야말로 사람됨의 본질이라 할 수 있습니다.

많은 분이 어려운 이웃을 위해 써 달라고 헌금을 바쳤습니다. 공개적으로 다 밝힐 수는 없지만 이미 꼭 필요한 곳에 잘 전달했고, 앞으로도 지속해서 나누려 합니다. 떠들썩하게 이리저리 소문내지 않는 것은 받으시는 분들의 마음을 헤아려야 한다고 생각하기 때문입니다. 시혜자와 수혜자가 갈리는 순간 일종의 권력 관계가 생기게 마련입니다. 그것은 예수적 삶이 아니라고 생각합니다. 주변에 어려움을 겪는 이들이 있다면 조용히 알려 주시기 바랍니다.

김기림의 시 가운데 〈바다와 나비〉라는 시가 있습니다. "아무도 그에게 수심水深을 일러 준 일이 없기에/ 흰나비는 도무지 바다가 무섭지 않다"라는 구절로 시작되는 시입니다. 갓 부화한 나비는 바다를 경험해 본 적이 없기에 바다가 무섭지 않습니다. 나비는 푸른 물결을 '청青무우밭'으로 생각하고 내려앉으려다가 어린 날개를 그만 물결에 적시고는 깜짝 놀랍니다. 삼월의 바다에 꽃이 피지 않아서 나비는 서글펐습니다. 시인은 뭍으로 돌아오는 나비의 허리에 걸린 새파란 초생달이 시리다고 노래합니다.[12]

한 번도 겪어 보지 못한 현실 앞에서 우리는 당혹스러워합니다. 그래도 우리에게는 날개가 있습니다. 짠물에 젖을 때도 있지만, 그래도 날아오를 수 있으니 다행입니다. 신앙은 날개입니다. 세상의 중력을 거스르면서 날아오를 수 있게 해 주니 말입니다. 날기를 포기하지 않을 때 우리는 명랑하게 살 수 있습니다. 교회에서 만나 함께 예배드릴 수 있는 시간이 다가오고 있습니다. 그날을 내다보며 그리움을 달랩니다. 부디 아프지 마시고, 우울함에 빠지지 마시고, 주님과 더불어 열어 갈 새로운 세상을 바라보며 오늘을 기쁘게 살아 내시면 좋겠습니다.

2020년 4월 18일

뿌리 깊은
나무가 되어

예루살렘아, 일어나서 빛을 비추어라. 구원의
빛이 너에게 비치었으며, 주님의 영광이 아침
해처럼 너의 위에 떠올랐다. 어둠이 땅을 덮으
며, 짙은 어둠이 민족들을 덮을 것이다. 그러나
오직 너의 위에는 주님께서 아침 해처럼 떠오
르시며, 그의 영광이 너의 위에 나타날 것이다
(사 60:1-2).

아침 해처럼 떠오르는 주님의 영광이 우리 가운데 나타나기를 빕니다.

또 한 주가 지나갑니다. 연초록의 계절입니다. 연초록부터 짙은 초록에 이르기까지 마치 생명의 현시인 듯 번져가는 나뭇잎들이 장관입니다. 인간의 현실은 사뭇 암담하지만, 자연은 이렇게 무심히 아름답습니다. 그 아름다움을 아름다움으로 향유할 여유조차 없이 살아가는 이들이 많습니다. 아무리 바빠도 가끔은 멈춰 서서 그런 자연 세계에 눈길을 주어야 합니다. 그래야 허망의 파도에 휩쓸리지 않을 수 있습니다.

제가 편지를 쓰고 있는 5월 1일은 우리 교회 설립 기념일입니다. 함께 축하하고 새로운 다짐도 해야 하는 날이지만, 우리는 아직 만나지 못하고 있습니다. 112년을 살아온 나무 한 그루를 상상해 봅니다. 생장하기 좋은 조건도 있었지만, 물기 없는 메마름을 견뎌야 하는 시기도 있었을 것입니다. 그럴 때일수록 뿌리는 물기를 찾아 더 깊은 곳에 촉수를 뻗어야 했을 것입니다. 그 눈에 보이지 않는 고투가 결국은 연초록 잎 하나를 틔우는 힘이었을 겁니다. 그렇기에 우리는 112년의 역사를 허투루 대할 수 없습니다. 스쳐 가는 바람, 나뭇잎에 내려앉는 햇빛과 달빛과 별빛, 잠시 머물다 가는 새 한 마리도 이 나무를 키우는 데

힘을 보탰습니다.

요즘 일곱 살 손녀가 가장 즐기는 놀이는 직소 퍼즐입니다. 모양도 비슷하고 색깔도 비슷한 작은 퍼즐들을 맞춰 온전한 그림을 만드는 것이 아이에게는 큰 스트레스가 될 법도 하건만, 지치지도 않고 놀이를 지속합니다. 어떤 성취감 때문인지도 모르겠습니다. 퍼즐 하나가 사라지면 전체는 온전한 그림이 되지 못합니다. 그림의 주제를 드러내는 형태가 아니라 단순한 배경에 속한 것이라 해도 마찬가지입니다. 어쩌면 우리가 걸어온 길은 그렇게 만들어졌다는 생각이 드는군요. 어느 한 사람 중요하지 않은 이가 없습니다. 존재감을 드러냈던 사람이나, 그저 그림자처럼 지내다가 조용히 사라진 이들 모두 '우리'라는 그림을 만들어 온 벗이었습니다.

어제와 오늘을 바탕으로 하여 우리는 더 큰 그림을 만들어 갑니다. 기존의 것에 새로운 것을 덧대면서 부조화에 빠질 수도 있지만, 우리를 이끄시는 분은 우리보다 우리를 더 잘 아시기에 다만 주님의 은총에 몸을 맡길 뿐입니다. 지금 우리가 겪는 일들이 무슨 의미가 있는지 지금은 분명하지 않지만, 언젠가는 하나님의 구원 이야기의 일부였음이 드러나게 될 것입니다.

여러 해 전, 유럽 이곳저곳을 떠돌다가 지칠 때면 마음의 안식처를 찾듯 그 지역에 있는 예배당에 들르곤 했습니다. 꼭 유명한 관광지가 아니어도 고요함의 오아시스가 되어 주는 곳은 참 많았습니다. 규모가 장대하고 내부 장식이 화려하여 관광객의 시선을 끄는 곳도 좋지만, 그렇지 않은 곳이 지친 몸과 마음을 쉬기에는 더 적절합니다. 몇 가지 장면이 떠오릅니다.

로마 근교에 있는 트레폰타네(사도 바울의 참수 터)에 들렀을 때의 일입니다. 이른 아침이어서 아직 사람들의 발걸음이 닿지 않던 시간에 조용히 예배당 문을 열고 들어서면서 한 가지 풍경과 마주쳤습니다. 노수녀 한 분이 하얀 행주를 들고 이미 깨끗한 장의자의 먼지를 닦고 또 닦았습니다. 어찌 보면 평범한 일상의 한 장면이었지만, 제게는 가장 거룩한 몸짓처럼 보였습니다. 장의자를 닦는 일을 그분은 일상적으로 감당해야 하는 일이 아니라 수행으로 여기는 것처럼 보였습니다.

잘츠부르크에 있는 카푸친 수도회에 가기 위해 좁다란 계단을 따라 걷다가 아주 작은 동네 예배당이 있길래 가만히 문을 열다가 조심스럽게 문을 닫았습니다. 수도자 한 분이 제단 앞에서 장궤 자세로 앉아 기도를 올리고 있었기 때문입니다. 텅 빈 곳이었지만, 그곳은 모세가 서 있던 호렙산 떨기나무처럼 보였습니다.

사실 이런 경험은 꽤 많습니다. 사람들을 의식하지 않고 하나님 앞에 오롯이 서 있는 사람들이 보이는 고요함과 절제된 몸짓이야말로 우리 시대가 회복해야 할 소중한 가치가 아닐까요? 교회의 교회 됨은 하나님 앞에 오롯이 바로 서려는 이들의 숨겨진 태도가 기초인 것 같습니다. 그런 기초가 흔들리면 그 위에 세우는 것들은 다 부실하게 마련입니다. 바울 사도는 교회를 가리켜 '그리스도의 몸'이라 했습니다. 그보다 더 나은 은유는 없을 것입니다. 교회의 존재 이유는 그리스도의 몸이 되는 데 있습니다. 세상의 아픔을 보듬어 안고, 치유하고, 온전하게 하고, 누군가의 설 땅이 되어 주는 것이야말로 교회가 해야 할 일입니다. 너무 급하게 서둘 것은 없지만 지향은 분명해야 합니다. 신학자 카를 라너가 교회를 위해 드리는 기도 가운데 나오는 한 대목을 자꾸만 되뇌게 됩니다.

당신이 아무런 거리낌 없이 부어 주신 은혜의 능력으로 교회는 항상 그런 역할을 감당할 것입니다. 그러나 교회는 가련한 죄인들로 이루어진 공동체라는 사실을 부정할 수 없습니다. 그런 교회도 내 신앙의 기초가 되고, 내 신앙의 집이 될 수 있습니다. 당신을 믿는 것이, 나를 향한 당신의 사랑이 거두실 압도적인 승리를 믿는 것이 교회로 인해 쉬워질 때도 있고, 어려울 때도 있습니다. 내가 다른 이들보다 낫다고 생각하지는 않습니다. 교회가 하나님의 은혜로부터 나온 것임을 보여주는 찬란한 빛과 같은 존재라니요? 절대로 나는 아닙니다. 나는 교회의 한 지체로서 교회를 드러낼 뿐입니다.[13]

여전히 가야 할 길이 멀지만, "가지가 포도나무에 붙어 있지 아니하면 스스로 열매를 맺을 수 없는 것과 같이, 너희도 내 안에 머물러 있지 아니하면 열매를 맺을 수 없다"(요 15:4) 하신 말씀만 꼭 붙들면 됩니다. 112년 역사의 한 부분인 것이 참 자랑스럽고 고맙습니다. 우리가 함께 만들어 갈 미래가 기대됩니다. 서 있는 삶의 자리가 어디든, 인생의 어떤 시기를 지나고 있든, 그리스도가 우리를 부르시고 있다는 사실을 잊지 마십시오. 이제 우리가 다시 만날 시간이 다가옵니다. 건강하게 지내십시오. 내면의 빛이 흐려지지 않게 하십시오. 그 빛으로 주위를 환히 밝히십시오. 주님의 평강이 교우 여러분과 여러분의 가정에 항상 함께하시기를 빕니다.

2020년 5월 2일

지금은
인내의 시간

하나님께서 주시는 고마운 선물과 부르심은 철
회되지 않습니다(롬 11:29).

주님의 평화가 우리 모두를 포근하게 감싸 주시기를 청합니다.

한 주간도 잘 지내셨는지요? 입하立夏에서 소만小滿을 향해 가는 절기입니다. 온화하고 따뜻하여 지내기 참 좋습니다. 검은등뻐꾸기 울음소리가 자꾸만 떠오릅니다. 5월의 숲을 걷다 보면 이따금 들려오는 그 새소리가 제게는 보리타작할 때 사람들이 불렀던 〈옹혜야〉 타령에 나오는 후렴구 '어절씨구'처럼 들렸습니다. 가끔은 검은등뻐꾸기가 '어절씨구'하고 선소리를 매기면 '옹혜야' 하고 받아 주곤 했습니다. 그 타이밍이 절묘해서 마치 자연과 내통하는 것 같은 흥겨움을 느낄 때도 있었습니다. 장미꽃도 도처에 흐드러지게 피었습니다. 비 온 후, 말갛게 씻긴 얼굴로 우리를 대하는 꽃들을 보면 저절로 벙싯 미소가 떠오릅니다. 자연 세계는 이렇게 청량한데 사람들이 사는 땅은 그렇지 못한 것 같습니다.

하나님은 악한 사람에게나 선한 사람에게나 똑같이 해를 떠오르게 하시고, 똑같이 비를 내려 주신다고 하지만, 공평함이 없는 세상은 차이를 만들어 냅니다. 사람들은 그 차이를 얼른 차별과 혐오의 근거로 삼습니다. 억울한 죽음이 끊이지 않고, 모멸감에 치를 떠는 이들이 도처에 있습니다. '갑질'이라는 부끄러운 말이 일상다반사가 되고만

이 사회를 생각하면 암담할 뿐입니다. 그러나 우리는 투덜거리거나 절망할 수 없습니다. 우리를 부르신 하나님은 척박한 역사의 대지를 갈아엎고 정의를 뿌리고 평화를 거두라고 명하십니다. 이 명령을 엄중하게 받아들여야 합니다. 왜 사는지 아는 사람은 어떻게든 살 수 있다지요? 가야 할 곳을 분명히 알고 가는 사람은 지는 해를 원망하지 않는 법입니다. 제가 이렇게라도 흰소리를 치는 까닭은 '코로나 블루'라는 우울감에 지고 싶지 않아서입니다.

사실 지난주, 11주 만에 열린 대면 예배를 앞두고 많이 설레었습니다. 두 달여 간 못 만난 교우들과 얼굴을 마주할 생각에 살짝 들뜨기도 했습니다. 그런데 마스크가 우리 사이의 소통을 차단했습니다. 피차 눈에 어린 미소로 반가움을 표현하기는 했지만, 왠지 서글펐습니다. 행여 공동체에 누가 될까 서둘러 교회 마당을 벗어나는 교우들 모습을 보니 가슴 한편이 휑했습니다. 이런 일에도 익숙해져야 하는 걸까요? 저도 모르게 입에서 시편 시인들의 탄식이 흘러나왔습니다. "주님, 언제까지입니까?"

대면 예배를 딱 한 번 재개했는데 또다시 우리는 영상 예배로 전환할 수밖에 없게 되었습니다. 이태원 클럽이 진원지가 되어 바이러스가 지역 사회로 빠르게 번져 가는 상황에서 대면 예배를 고집할 필요가 없다는 생각이 들었기 때문입니다. 우려가 없는 것은 아닙니다. 영상 예배에 익숙해지다 보면 교회 공동체로 모이는 일이 오히려 번거롭게 여겨질 수도 있으니 말입니다.

그러나 교회의 교회 됨은 '서로 지체'가 되는 데 있습니다. 서로 다른 이들이 모여 각자에게 분유된 은사를 나눔으로 그리스도의 몸을 세워 가야 한다는 말입니다. 교부들은 '교회는 인류가 그 일치와 구원을 되찾는 곳', '화해를 이룬 세상', '주님의 십자가의 돛을 활짝 펴고 성령의 바람을 받아 이 세상을 잘 항해하는 배'라고 말합니다. 모든 사람은 하나님 앞에 선 단독자이지만, 홀로는 교회가 될 수 없습니다. 우리가 함께 살아가는 모습이 그리스도의 현존의 징표가 되어야 합니다. 그렇기에 우리는 만나야 하고, 함께 걸어야 하고, 함께 울고 웃어야 하고, 말씀을 듣고 성례전에 참여하고, 봉사의 일을 해야 합니다. 당장은 아니지만, 그때는 반드시 올 것입니다. 도약을 위해 잠시 몸을 도사리는 개구리처럼 지금 우리는 도약을 위해 움츠린 시간을 보내고 있습니다. 조바심이 나기도 하지만 지금은 인내가 필요한 시간입니다. 제라드 맨리 홉킨스는 〈인내〉라는 시에서 이렇게 노래합니다.

인내, 어려운 것! 기도하고 청해서 얻기도

어려운 것이 인내로구나!
인내는 그것을 구하는 이에게
전쟁을 원하고, 부상을 원한다.
그의 시간, 그의 임무에 지치게 하며
없이 살아가고, 숱한 낙마를 감수하고,
복종할 것을 원한다.[14]

구하는 이에게 '전쟁'과 '부상'을 원하는 인내, 우리가
감당해야 할 임무에 지치게 하는 인내지만, 인내의 목적은
우리의 파괴에 있지 않습니다. 인내의 과정을 거치지 않으
면 우리 삶의 토대는 작은 타격에도 허물어질 수밖에 없습
니다. 홉킨스는 그래서 그런 인내를 '귀한 인내' 혹은 '자연
스러운 마음의 담쟁이'라 부릅니다. 그 담쟁이가 "우리의
좌초된 옛 목적의 폐허를 가려 준다"는 것입니다. 시어이
기에 다소 어렵게 느껴질 수 있지만, 인내가 주는 선물이
적지 않다는 말일 겁니다. 때로는 절망의 어둠이 우리 옷
자락을 잡아당기기도 하지만, 그때마다 '반항적인 의지'를
가다듬어 하나님을 향하여 우뚝 서야 합니다.

여러 해 전, 우리 교회 옆에 이주 노동자들의 쉼터가 있
었습니다. 주로 아프리카계 노동자들이었는데 그들과 몇
해 지내는 동안 참 많은 일을 겪었습니다. 어느 해 성탄절

무렵 교육관에서 그들과 예배를 드리는데 그들의 예배 모습이 참 인상적이었습니다. "예스, 지저스", "아멘", "할렐루야" 소리로 예배는 시종 활력이 넘쳤습니다. 삶이 곤고했기에 그들은 더욱 절망 속에 표류하지 않으려고 자기 속의 활기를 끌어냈던 것입니다. 그 자리에 있는 것만으로도 어떤 에너지가 느껴졌습니다.

어려운 시절일수록 더 긴밀하게 소통해야 합니다. 허튼소리라도 나누면서 '저만치에 나의 사랑하는 벗이 있구나' 하고 느끼게 해 줄 필요가 있습니다. 특히 어려운 시절을 보내는 교우들에게 사랑의 인사를 전해 주십시오. 목회실 식구들은 모두 잘 있습니다. 여러분들은 어떠신지요? 교회 마당에 흐드러지게 핀 장미꽃들이 여러분께 인사 올립니다. 군산에서 옮겨 온 첫해, 풍성하진 않아도 소박한 꽃을 피운 찔레꽃도 여러분께 인사를 올립니다. 한 주간도 최선을 다해 행복을 누리십시오. 주위 사람들에게 지옥을 맛보게 하지 말고, 천국의 맛을 전하며 사십시오. 작고 사소한 행복을 귀히 여기십시오. 바야흐로 소만 절기가 다가옵니다. 여러분 모두를 주님의 은혜 안에 맡깁니다. 주님, 우리를 지키소서.

2020년 5월 13일

혼잣소리로는
할 수 없겠네

여러분은 자유인으로 사십시오. 그러나 그 자
유를 악을 행하는 구실로 쓰지 말고, 하나님의
종으로 사십시오(벧전 2:16).

그리스도의 평강이 여러분 가정에 넘치시기를 빕니다.

바람을 타고 아까시나무 꽃향기가 날아오면 그 흐뭇하고 상큼한 향에 취해 기분마저 환해지는 계절입니다. 하얀 십자가 모양으로 피어난 산딸나무 꽃도 5월의 노래를 부르고 있습니다. 이제 막 모내기 철이 시작되었습니다. 묘판에서 정겹게 자라던 어린 모들이 무논에 심긴 채 하늘거리는 모습이 애처롭습니다. 이제는 세찬 바람도 견디며 더 깊이 뿌리내리기 위해 고투해야 할 겁니다. 가만두어도 잘 자라겠지만 괜히 안쓰러워 응원하고 싶은 마음이 듭니다. 설사 식물이라 해도 산다는 것은 엄중한 과제임을 알기에 그런 것 같습니다.

어려운 시절을 건너느라 얼마나 수고가 많으십니까? 안간힘을 써 봐도 곤경에서 벗어날 길이 보이지 않아 눈물의 시간을 보내는 분들도 계시지요? 당장 필요한 것을 구하는 것도 문제지만, 도무지 미래가 보이지 않는 것 같아 한숨을 내쉬는 분들도 계시지요? 일거에 그 모든 문제를 해결할 길을 제시할 수 없음이 안타깝습니다. 그저 잘 견디시라는 말밖에는 할 수가 없군요. 하종오 시인의 〈참나무가 대나무에게〉라는 시는 이렇게 시작됩니다.

네가 꼿꼿이 서서 흔들리는 땅에

나는 바람 잠재우며 버틴다.

너는 휘어지지 않고 휘어지지 않고 꺾여서 바치고

나는 쪼개져 쪼개져 불로 타서 바치는

우리 목숨 더 깊은 목숨 어느 나무가 바치겠는가.[15]

참나무의 길이 있고 대나무의 길이 따로 있지만, 그 나무들은 서로에게 엉키며 뿌리 뻗어서 서로를 세워 줍니다. 때가 되면 자기 몸을 기꺼이 바쳐 더 큰 세상을 이룹니다. 교회를 이룬다는 것은 그런 것일 겁니다. 저마다 살아가는 방식은 다 다르지만, 함께 어깨를 겯고 슬픔의 세월을 이겨 내는 동시에, 더 아름다운 세상의 꿈을 이루기 위해 헌신하는 것, 그보다 아름다운 일은 없을 겁니다.

돌아오는 주일[16]은 감리교 창시자 존 웨슬리의 회심 기념 주일입니다. 마르틴 루터나 장 칼뱅보다 덜 알려진 분이긴 하지만, 감리교인들이 늘 존숭의 마음으로 돌아보아야 할 인물입니다. 그는 삼십 대 중반에 자기 삶의 대원칙을 정했습니다. 그리고 그 원칙에서 벗어나지 않았습니다.

나의 행동 원칙이 무엇이냐고 물으신다면, 이와 같습니다. '나는 그리스도인이 되기를 원하며, 그것을 위해 유익하다고 생각되는 것은 무엇이든지 행하며, 이 목적에

맞는 곳이라면 어디든지 가는 것, 그것이 나의 원칙입니다.'

"그리스도인이 되기를 원한다"라는 말은 단순히 교회에 적을 둔 교인이 된다는 말이 아닙니다. 복잡하고 모호한 삶의 순간마다 그리스도의 마음으로 세상을 바라보고, 그리스도의 손과 발이 되기를 구한다는 말일 겁니다. 그는 그런 삶이 주는 유익을 계산하지 않습니다. 계산하는 마음은 이미 믿음이 아니기 때문입니다. 그리스도인이 되는 일이라면 그는 무엇이라도 할 각오가 되어 있었고, 어디든지 갈 수 있었습니다. 복음에 대한 그의 열정을 당시 영국 교회는 부담스러워했습니다. 그래서 교구에서 사람들을 가르치고 선포하는 것을 금지했습니다. 교회가 그를 내쳤다는 말입니다. 그때 웨슬리가 한 말이 유명합니다.

나는 온 세계를 나의 교구로 생각하고 있습니다. 즉 구원의 복음을 즐겨 들으려고 하는 사람들에게 전도한다는 것은 바른 일이며, 또 나의 고귀한 책임이기 때문에 어떤 곳이든 찾아가야 한다고 생각합니다.[17]

그는 교회 밖에 머무는 이들의 삶의 자리로 나아갔습니

다. 광부와 수공업자와 상인 들이 사는 삶의 자리에 찾아가 복음을 전했습니다. 복음만 전한 것이 아니라, 하나님의 꿈이 실현되는 세상을 이루는 데 필요한 일들을 동역자들과 함께 착실하게 수행했습니다. 초기 감리교인들은 사회를 성화하는 것을 매우 중요한 과제로 여겼습니다. 교회 성장이라는 원죄에 사로잡힌 한국 감리교회는 이 소중한 과제 혹은 유산을 내다 버렸습니다. 교회의 미래는 '사회의 성화'라는 역사적 과제를 어떻게 수행할 것이냐에 달려 있다는 생각이 듭니다. 함께 지혜와 뜻을 모아야 할 때입니다. 혼자는 할 수 없는 일이라도 함께라면 할 수 있습니다.

가래라는 농기구를 아시는지요? 삽처럼 생긴 기구인데 가랫날 양 귀퉁이에 구멍을 뚫어 끈으로 묶은 후 양쪽에서 잡아당기고 한 사람은 가래 손잡이를 붙들고 힘과 방향을 조절하는 역할을 합니다. 흙을 파거나 옮길 때 가래를 사용하면 일의 능률이 올라갔습니다. 저는 어렸을 때 가래질하는 어른들의 몸놀림에 매혹되곤 했습니다. 셋이서 마치한 몸인 듯 움직이는 리드미컬한 동작과 박자를 맞추기 위해 내는 입소리가 그렇게 멋있어 보일 수 없었습니다. 어둠의 세월을 건너기 위해 안간힘을 쓰던 젊은 시절에 불렀던 노래도 떠오릅니다.

혼자 소리로는 할 수 없겠네
둘의 소리로도 할 수 없겠네
둘과 둘이 모여 커단 함성 될 때
저 어리석은 자 깨우칠 수 있네

혼자 힘으로는 할 수 없겠네
둘의 힘으로도 할 수 없겠네
둘과 둘이 모여 커단 힘이 될 때
저 굳센 장벽을 깨뜨릴 수 있네

혼자 사랑으로 할 수 없겠네
둘의 사랑으로 할 수 없겠네
둘과 둘이 모여 세상 하나 될 때
저 억눌린 사람 참 자유 얻겠네

　이 노래를 부를 때마다 눈시울이 시큰해졌습니다. 우리를 괴롭히던 외로움이 슬그머니 자취를 감추는 것 같은 느낌이 들었기 때문입니다. 지금 우리가 회복해야 할 것이 바로 이 마음입니다. 내 곁에 든든한 신앙의 벗이 있다는 사실을 확신할 때 거짓되고 비열한 세상과 맞설 수 있고, 사람들을 노예로 만드는 신자유주의 경제 질서에 속절없이 끌려가지 않을 수 있습니다. 하나님의 마음을 향한 순례자로 살아가는 이들과 함께 있을 때 사람들에게 상처를 입히는 포악한 말이나 부정의에 항거할 수 있습니다. 우리 중 누구도 완벽하지 않습니다. 허물도 큽니다. 그러나 허물이나 부족한 부분에만 눈길을 주면 사랑이 식을 수밖에 없습니다. 다른 이들 속에 잠들어 있는 아름다움을 보고, 그것을 호명하는 이들이 공동체의 보화입니다.

이제 우리가 얼굴을 맞대고 만날 날이 머지않았습니다. 여전히 조심스럽긴 하지만 다음에 만날 때는 좀 더 반가운 표정을 짓고 싶습니다. 목소리도 조금 더 높여 인사를 나누고 싶습니다. "그대가 있어 내가 있다"는 사실을 피차 확인할 수 있으면 좋겠습니다. 주님께서 우리의 거처가 되어주신 것처럼, 우리 또한 주님의 거처가 되어야 합니다. 하루하루 주님과 동행하는 기쁨을 한껏 누리시면 좋겠습니다. 부디 아프지 마십시오. 우울감에 빠지지 마십시오. 가지 사이를 오가며 흥겹게 노래 부르는 새들처럼 기쁨의 노래를 부르십시오. 우리가 부르는 노래가 우리의 운명이 되는 법입니다. 한 주 내내 주님의 은총이 여러분과 가정 위에 머무시기를 빕니다.

2020년 5월 23일

희망의 불씨를
지키는 사람들

제단 위의 불은 타고 있어야 하며, 꺼뜨려서는
안 된다. 제사장은 아침마다 제단 위에 장작을
지피고, 거기에 번제물을 벌여 놓고, 그 위에다
화목제물의 기름기를 불살라야 한다. 제단 위
의 불은 계속 타고 있어야 하며 꺼뜨려서는 안
된다(레 6:12-13).

주님의 평강을 기원합니다.

지난주에 편지를 쓰면서 이제 목회 서신 쓰는 일을 그칠 수 있게 되었다고 좋아했는데, 또 이렇게 편지를 쓰고 있습니다. 코로나19 감염 사태가 잦아들 줄 모릅니다. 좋은 소식 오기만을 학수고대했건만 아직은 시기상조인 것 같습니다. 현장 예배를 재개한 교회들이 있는 것을 알지만, 우리는 조금 더 시간을 갖고 대처해 나가기로 작정했습니다. 자칫 방심하는 사이에 우리가 감염의 매개가 될 수도 있다는 우려 때문입니다. 고민이 깊었습니다만 기획 위원들 전원이 그렇게 하는 것이 좋겠다고 마음을 모아 주셨습니다. 결정을 그렇게 하면 마음이 홀가분해질 줄 알았는데, 오히려 쓸쓸함이 깊어 가는 것은 왜일까요?

어제는 온종일 김능인 작사, 손목인 작곡의 옛 노래 〈타향살이〉가 입 끝에 맴돌았습니다. "타향살이 몇 해던가 손꼽아 헤어 보니/ 고향 떠난 십여 년에 청춘만 늙고/ 부평 같은 내 신세가 혼자도 기막혀서/ 창문 열고 바라보니 하늘은 저쪽." 어쩌면 우리가 만날 수 없는 이 격절의 시간이 고향을 잃어버린 사람의 비애로 다가왔기 때문인지도 모르겠습니다. 길을 걷기만 하면 이 노래가 자꾸 찾아왔습니다. 고향을 그리워한 시라면 백석의 시도 있고 정지용의 시도 있고 이용악의 시도 있건만, 왜 이 노래가 제 정서의 틈바구니를 비집고 나와 저를 온통 뒤흔들었는지 모르겠습니다. 마치 타향살이하는 것 같은 막막함과 쓸쓸함 때문일 겁니다.

늘 당연하게만 여겼던 일들이 당연한 게 아니라는 사실을 절감합니다. 함께 만나 성경 공부를 하고, 찬송을 부르고, 음식을 나누고, 성찬에 참여하고, 차담을 나누던 그 시간이 그렇게 그리울 수가 없습니다. 마치 출구 없는 미로에 갇힌 것 같은 느낌이 듭니다. 저는 그래도 더러 찾아와 주는 이도 있고, 책이라는 벗도 있고, 아침저녁으로 산책도 하니 덜 쓸쓸합니다만, 건강이 좋지 않은 분들과 연세 드신 교우님들은 이 시간이 더욱 힘들 것 같습니다.

예배당에 오지 못한다고 하여 경건 생활에서 멀어지면 안 됩니다. 오히려 더 큰 정성으로 예배에 임해야 합니다. "제단 위의 불은 계속 타고 있어야 하며 꺼뜨려서는 안 된다"(레 6:13)라는 레위기 말씀에 자꾸 마음이 갑니다. 마음의 불, 잘 간직하고 계신지요? 그 불을 지키는 것이 제사장 직무의 매우 중요한 부분이었음이 분명합니다.

마카베오 하권에는 이 불과 관련해 매우 재미있는 이야기가 나옵니다. 이스라엘 사람들이 페르시아로 끌려갈 때, 당시의 경건한 사제들이 몰래 제단의 불을 가져다가 물 없는 저수 동굴 깊숙한 곳에 감추어 놓고, 아무도 그곳을 알

아내지 못하게 만들었습니다. 오랜 세월이 흘러 마침내 이스라엘 백성들이 자유의 몸이 되자 느헤미야는 불을 감추어 둔 사제들의 후손들에게 그 불을 가져오라고 일렀습니다. 사제들이 그곳을 찾아갔을 때 그들은 불이 있던 자리에 짙은 색 액체가 있는 것을 보았습니다. 보고를 받은 느헤미야는 그 물을 떠 오라 지시했습니다. 희생 제물을 바칠 준비가 되자, 느헤미야는 사제들에게 나무와 그 위에 놓인 것에 액체를 뿌리라 했습니다. 액체를 뿌리고 조금 시간이 흐르자 구름에 가렸던 해가 나왔습니다. 그 순간 제단에는 큰불이 일었습니다. 모두가 놀랐습니다. 박해의 시기에도 그 불은 변형된 모습으로라도 간직되었던 것입니다. 우리 신앙의 불도 그러해야 합니다.

어려운 시절일수록 주위 사람들을 세심하게 돌아보아야 합니다. 보디발의 아내의 모함으로 옥에 갇혔던 요셉은 그곳에서도 사람들의 기색을 살피며 그들을 도울 방법을 찾곤 했습니다. 우리가 서 있는 삶의 자리, 바로 그곳이 하나님이 현존하시는 자리임을 잊지 마십시오. 절망의 시간을 보내는 이들 곁에 머물고, 그들이 혼자가 아님을 상기시키는 사람이 되십시오. 이런 상황을 만날 때마다 떠오르는 이야기가 있습니다.

수십 년 전, 영국 북부 탄광에서 일어났던 일입니다. 그

탄광은 안전시설이 미비해서 사고가 자주 일어나곤 했습니다. 광부들이 믿을 것이라곤 동물적인 반사 신경과 강철 같은 근육밖에 없었습니다. 그러나 그것으로도 어쩔 수 없는 일이 있게 마련입니다. 어느 날 갱도가 무너져서 광부 열두 명이 굴속에 갇혔습니다. 그들이 일하던 곳은 갱도 가운데서도 가장 깊고 접근하기 어려운 지역이었습니다. 석탄 분진이 어느 정도 가라앉자 광부들은 서로 이름을 부르며 안부를 확인했습니다. 다행히 크게 다친 사람은 없는 것 같았습니다. 그들은 이제 조용히 바깥의 동정에 귀를 기울였습니다. 하지만 아무 소리도 들리지 않았습니다. 그 곳은 소리가 미칠 수 없을 정도로 깊은 곳이었습니다. 일순 절망감이 몰려왔습니다. '구조자들이 때맞추어 우리를 구할 수 있을까?' 그들이 할 수 있는 일이라고는 다만 기다리는 일뿐이었습니다. 누군가가 통로를 개척해 보자고 제안하기도 했지만, 다른 이들은 그러면 가뜩이나 부족한 산소를 급격히 소비하게 될 것이라며 그저 기다리자고 했습니다. 그때 어둠 속에서 누군가가 계시원計時員을 불렀습니다. 그리고 남은 시간이 얼마냐고 물었습니다. 광부들의 작업 시간과 산소량을 확인하는 임무를 맡은 계시원이 대답했습니다. "사고 나기 직전이 10시 30분이었어. 우리는 모두 열두 명이야. 움직이지 않고 가만히 있기만 하면 대략

두 시간 분량의 산소가 남아 있어. 아마 별일 없을 거야." 그의 목소리는 맑고 확고하고 강했습니다. 아무도 그에게 질문하지 않았고 그의 말을 의심하지 않았습니다. 그들은 희망을 품고 서로의 숨소리를 들으면서, 갱도 저편에서 들려올 기계음을 놓치지 않으려고 귀를 기울였습니다. 이따금 누군가가 "몇 시지?" 하고 물을 때마다 계시원은 성냥불을 켜서 시계를 확인하고는 "십오 분 지났어", "이제 겨우 십 분 지났다고" 하며 대꾸했습니다. 묻고 대답하는 간격이 점점 길어졌고, 모두가 잠든 것처럼 보이기도 했지만 사실 누구도 잠들지 않았습니다. 산소가 거의 떨어져 간다고 생각할 즈음 바위틈으로 달콤한 곡괭이 소리가 들려왔습니다. 그들 중 아무도 시간을 묻지 않았습니다. 두 시간이 거의 지난 것을 알았기 때문입니다. 마침내 신선한 공기가 갱도를 통해 밀려들어 오고, 랜턴 불빛이 비쳐 들면서 그들은 구조되었습니다. 몇몇은 일부러 명랑하게 보이려고 애를 썼지만, 음성이 목구멍을 넘지 못했습니다. 마침내 지상으로 올라왔을 때 그들은 소식을 듣고 달려온 다른 광부들과 아내, 친척들과 눈물범벅이 되어 뒤엉켰습니다. 열두 명 중 희생된 사람은 단 한 명, 계시원이었습니다. 마을 목사가 사고로 목숨을 잃은 이를 위해 기도하자고 했을 때, 광부들이 흘리던 안도의 눈물은 슬픔과 경악으로 바뀌었습니다. "왜 계시원만 죽었단 말입니까?" 목사가 말했습니다. "여러분이 살아남은 것은 정말 기적입니다. 여러분은 그곳에서 여섯 시간이나 갇혀 있었습니다." 사람들이 계시원의 주머니에서 시계를 꺼냈을 때 시계는 사고 당시인 10시 30분을 가리키고 있었습니다. 계시원은 사실을 알고 있었기에 절망의 심연에 빠져들었습니다. 그러나 그러면서도 동료들을 비추어 줄 희망의 불꽃을 꺼뜨리지 않으려고 자기를 소진했던 것입니다.

편지가 장황해졌습니다. 계시원과 같은 이들이 더욱 필요한 시대라 느꼈기 때문일 겁니다. 너무 조바심하지 마십시오. 느긋하게 이 상황을 견디십시오. 주위 사람들에게 명랑한 기운을 불어넣으십시오. 가까운 곳에서 마주치는 이들에게 친절한 미소와 따뜻한 미소를 보내십시오. 주님이 우리 곁에서 함께 걷고 계심을 알아차리십시오. 오늘도 내일도 주님이 맡기신 일을 하며 기뻐하십시오. 한 주간의 삶에 주님의 은총이 함께하시기를 빕니다.

2020년 5월 30일

하늘 숨
들이마시고

그 때에는, 광야에 공평이 자리잡고, 기름진 땅
에 의가 머물 것이다. 의의 열매는 평화요, 의의
결실은 영원한 평안과 안전이다(사 32:16-17).

주님의 은총과 평화를 빕니다.

한 주간도 잘 지내셨습니까? 계절이 참 빠르게 전환되고 있습니다. 낮에는 제법 초여름 더위가 느껴집니다. 교회 마당에 있는 포도나무는 제법 많은 열매를 맺었습니다. 제법 크게 맺힌 매실은 조금씩 색이 변해 가고 있습니다. 거둘 때가 다가오기 때문일 겁니다. 올해는 산수유나무에 열매가 많이 맺히지 않았습니다. 가을이면 붉은 열매를 보는 것이 기쁨이었는데, 올해는 그른 것 같습니다. 감나무는 변화무쌍한 온도에 적응하지 못했는지 아직 꽃을 피우지 못했습니다. 날마다 살피지만 감감무소식입니다. 올해는 포기해야 할는지도 모르겠습니다. 이제 곧 대추나무에 꽃이 피겠지요? 투덜거리지 않고 제 몸의 건강이 허락하는 만큼 꽃을 피우고 열매를 맺는 푸나무들의 성실함에 고개가 숙어집니다.

제 사무실에는 평화 노래꾼 홍순관 님이 보내 준 글씨 한 점이 있습니다. "꽃은 꽃 숨을 쉬고 나무는 나무 숨을 쉰다. 아침은 아침 숨을 쉬고 저녁은 저녁 숨을 쉰다." 그 글씨를 가만히 들여다보며 '내 숨을 쉰다'는 것이 무엇인지 묻고 또 묻습니다. 숨 가쁘게 달리느라 잊어버린 것은 없는지, 남의 숨을 쉬려고 허덕이며 사는 것은 아닌지….

사실 이런 생각에 골똘할 수밖에 없었던 것은 미국 미니

애폴리스에서 경찰의 폭력에 죽어 간 조지 플로이드가 한 말이 자꾸 떠오르기 때문입니다. 그는 "제발…, 숨을 쉴 수가 없어요." "엄마, 숨을 쉴 수가 없어요"라고 말한 후 숨을 거두었다고 합니다. 의식이 가물거리는 순간 사십 대의 장년인 그는 '엄마'를 떠올렸습니다. 그가 누구이든 편안하게 숨을 쉴 수 없게 하는 것은 하나님에 대한 도전입니다. 수많은 미국인이 조지 플로이드의 희생에 분노했고, 미국 주류 사회를 사로잡은 '백인 우월주의'를 청산해야 한다는 외침이 미국을 뜨겁게 달구고 있습니다. 아무쪼록 그의 죽음이 성숙한 사회의 밑돌이 되기를 빕니다.

며칠 전 우리는 아홉 살 어린아이가 여행 가방 속에 일곱 시간 갇혔다가 심정지에 이르렀고, 결국 죽음을 맞이했다는 비극적인 소식을 들었습니다. 의붓어머니는 그 아이가 거짓말을 해서 훈육 차원의 조치였다고 말했습니다. 사람이 어찌 이리 포악하고 무정한지 모르겠습니다. 그 여리디여린 생명에게 가한 폭력은 우리 사회의 생명 감수성이 메말라 가고 있음을 보여 주는 표징입니다. 생명과 평화는 동전의 양면입니다. 생명을 귀히 여기지 않는 곳에 평화는 없습니다. 언제부터인가 다니카와 슌타로의 〈지구가 너무도 사나운 날에는〉이라는 시가 자꾸 떠오릅니다. 인정이 메마른 세상에 지쳤기 때문인지도 모르겠습니다.

지구가 너무도 사나운 날에는
나는 화성에게 말 걸고 싶어진다

이쪽은 흐려서
기압도 낮고
바람도 강해질 뿐
이봐!
그쪽은 어때

달이 보고 있다
완전히 냉정한 제3자로서

많은 별이 주시해서 아프다
아직도 어린 지구의 자식들이여

지구가 너무도 사나운 날에는
화성의 붉은색이 따뜻한 것이다[18]

　많은 별이 주시하고 있는데, 지구에 사는 호모 사피엔스
는 사납기 이를 데 없습니다. 속도와 효율을 숭상하고 경
쟁을 내면화하고 사는 한 우리의 사나움은 누그러지지 않

을 겁니다. 이제 새로운 삶을 연습해야 합니다. 곁에 있는 이들을 향한 가파른 시선, 비평적 시선을 거두어야 합니다. 차이를 보듬어 안는 넉넉함이 필요합니다. 알베르트 슈바이처가 가르친 '생명 경외' 사상은 "모든 생명은 살기를 원한다"는 단순한 명제 위에 서 있습니다. 측은히 여기는 마음이 평화를 만듭니다. 제러미 리프킨은 인류 역사를 공감 확대 과정이라고 말합니다. 저는 그 말을 붙들고 싶습니다. 그는 예수님의 수난 이야기 앞에서 사람들이 숙연해지는 까닭을 이렇게 설명합니다.

> 예수의 수난 이야기는 십자가를 등에 지고 처형될 언덕으로 가는 길고 험한 여정에서 겪는 나약한 개인을 가감 없이 보여 준다. 도중에 그는 박해자들에게 채찍질 당하고 십자가의 무게를 감당하지 못해 비틀거리고 넘어진다. 그가 걷는 고통의 길은 이야기를 듣는 사람에게 공감적 반응을 불러일으키고 자신이 십자가를 진 것 같은 느낌을 갖게 만든다. 예수의 고통이 내 고통처럼 느껴진다. 십자가의 길은 공감 확대의 보편적 의식을 일깨운다. 그것은 나약하고 죽을 수밖에 없는 운명과, 억압과 불의와 배척에 맞서는 모든 사람의 개인적 고통을 인정하는 것이다.[19]

누구에게나 슬픔의 지층이 있습니다. 그것은 숨기고 싶은 상처일 수도 있고, 잊고 싶은 아픔일 수도 있지만, 그 슬픔의 지층이야말로 우리를 하나로 이어 주고 그리스도의 신비로 이끌어 주는 통로인지도 모르겠습니다. 슬픔과 아픔, 좌절과 고통이 없다면 우리가 어찌 다른 이들의 슬픔과 아픔을 알 수 있겠습니까? 그리스도의 마음을 품은 이들에게 슬픔은 '복된 슬픔'이 될 수 있습니다. 아니, 그렇게 만들어야 합니다. 우리 삶에 느닷없이 닥쳐온 불행과 고통에 속절없이 무너지기보다는 그것을 '공감의 연민'의 재료로 삼는 지혜가 필요합니다. 지금은 비록 얼굴을 맞대고 이야기를 나누지는 못하지만, 서로가 기댈 언덕임을 잊지 않았으면 좋겠습니다. 깊은 산중에서 길을 잃었을 때 저 멀리 보이는 불빛 하나가 희망이 되는 것처럼, 우리가 서로에게 그런 희망이 되었으면 좋겠습니다. "저기 누군가가 나를 그리워하고 있다"는 사실을 알 때 우리는 절망의 심연에서 벗어날 수 있습니다.

상황이 더 나빠지지만 않는다면 금명간에 현장 예배를 재개할 예정입니다. 방역 수칙을 잘 지키며 예배를 드리면 될 것입니다. 속회와 선교회 모임을 하진 못하지만, 서로 긴밀히 연락을 유지하시면 좋겠습니다. 기쁘게 여기신다면 저를 초대해 주셔도 좋겠습니다. 영상 예배가 일상이 되면서 새로운 현상이 나타나고 있습니다. 먼 지방에 살고 계신 분들이 우리 교회 교인으로 등록하고 계십니다. 한편 당혹스럽기도 하지만, 이것 또한 변화된 환경에서 벌어지는 일이라 여기고 있습니다. 새롭게 우리 교인이 되신 분들에게도 따뜻한 환영과 감사의 마음을 전합니다. 교회 학교 교사들은 좋은 교육 환경을 만들기 위해 회의를 거듭하며 노력하고 있습니다. 주춤했지만 우리는 다시 시작할 것입니다.

어느 곳에 있든 우리는 그리스도 안에서 한 몸입니다. 다시 만나는 그날까지 주위에 청량하면서도 따뜻한 기운을 불어넣으십시오. 하늘 숨 들이마시고 일상을 성화하며 사십시오. 여러분이 있어 참 좋습니다. 고맙습니다. 주님의 평화를 빕니다.

2020년 6월 5일

웃음 띤 얼굴로

우리 주 예수 그리스도의 아버지이신 하나님을 찬양합시다. 그는 자비로우신 아버지시요, 온갖 위로를 주시는 하나님이시요, 온갖 환난 가운데에서 우리를 위로하여 주시는 분이십니다. 따라서 우리가 하나님께 받는 그 위로로, 우리도 온갖 환난을 당하는 사람들을 위로할 수 있습니다(고후 1:3-4).

망종芒種 절기에 접어들면서 마치 여름이 성큼 다가온 것처럼 덥습니다. 이제 특별히 건강에 유의해야 할 때입니다. 지난 주일 예배를 준비하다가 놀라셨지요? 예배 직전까지 문제를 풀지 못하고 있다가, 예배 십 분 전에 문제가 해결되었다는 이야기를 듣고 강대상에 올라갔는데, 뒤에서 분주하게 움직이는 방송실 식구들의 당황한 모습을 보면서 큰 문제가 생겼음을 직감했습니다. 그렇다고 하여 예배를 중단할 수도 없어 그대로 진행할 수밖에 없었습니다. 예배에 집중해야 함에도 마음이 경중거리며 이리저리 뛰어다녔습니다. 내색은 할 수 없었지만, 모니터 앞에 앉아 이제나저제나 기다리실 성도들 모습이 떠올라 안타까웠습니다. 방송실 식구들이 비상조치로 카메라를 삼각대 위에 설치하는 것을 보면서 설교를 시작했습니다. 나중에 들었습니다만 많은 분이 목회실 식구들에게 전화나 문자를 통해 어떻게 된 일이냐고 물었습니다. 당연하지요? 예배를 마치고 나서도 멍한 상태는 지속되었습니다.

　음향 장비, 영상 장비, 컴퓨터, 화면 송출 장비 등이 어떤 원리로 작동하고 결합하는지 알지 못하는 저로서는 그저 그 당혹스러운 상황을 어떻게 받아들여야 할지 몰라 속이 탔습니다. 무엇보다 교우들의 예배를 망친 것 같은 면괴스러움이 컸습니다. 주중에 방송실 식구들이 모여 문제를 점검했습니다. 기계나 시스템의 오류는 아니었고, 네트워크 기술에 대한 이해 부족에서 발생한 문제였습니다. 큰 문제가 아니어서 다행이긴 합니다만, 그래도 그런 차질을 빚게 된 것에 대해 용서를 청합니다.

그런 일련의 과정을 겪으면서 영상 예배로 전환한 이후에 방송실 식구들이 겪어야 했던 스트레스를 헤아리지 못했다는 생각이 들어 미안했습니다. 이른 아침부터 예배당에 나와 준비하고, 빈틈은 없는지 점검하고, 긴장 속에서 예배를 마치고 나면 '휴' 안도의 한숨을 내쉬곤 했습니다. 그러나 그것으로 끝이 아니었습니다. 더 좋은 영상을 만들고자 하는 바람 때문이겠지만, 그날 드러난 문제점을 지적하는 전화나 메시지를 주신 분들이 계셨습니다. 좋은 뜻에서 한 일이지만 당사자들에게는 스트레스가 되는 일이기도 했습니다. 이번 일은 어쩌면 충분히 예견할 수 있는 일이었습니다. 앞으로는 이런 일이 없도록 더욱 함께 노력하겠습니다.

코로나19 확산세가 범상치 않아 보입니다. 생활 방역으로의 전환이 너무 성급했다는 진단도 나오고 있습니다. 꽤 많은 교회가 방역 지침을 준수하면서 대면 예배를 재개했습니다. 우리도 그래야 하는 것이 아닌가 고민 중입니다. 영상 예배에 접근하기 어려운 교우들도 꽤 많기 때문입니다. 특별한 사정이 없다면 다음 주부터 현장 예배를 시작할까 싶습니다. 교회에 나오든 집에서 예배를 드리든 우리는 하나입니다. 미국 시카고시가 코로나19 캠페인으로 내놓은 표어는 'together apart'입니다. '함께 그러나 떨어져서'라는 뜻으로 해석하면 될까요? 묘한 언어 조합입니다. 떨어져 있으면서도 함께 있음을 느끼고, 또 함께 일을 도모하려면 어떤 준비가 필요할까요? 교우 여러분들의 고견을 기다립니다.

기독교가 세계 종교로 발돋움할 수 있었던 요인은 여러 가지일 겁니다. 우선 복음 자체가 갖는 강력한 힘을 꼽아야 할 것입니다. 로마가 통치하던 지중해 세계는 '로마의 평화*pax Romana*'라는 허구의 평화가 지배하고 있었습니다. 그 사회는 로마 시민들을 위해 다른 사람들을 희생시키는 체제였습니다. 그러나 복음은 모든 인간이 하나님의 통치 안에 있고, 연약한 이들을 가장 소중히 여기는 것이 하나님의 뜻임을 일깨웠습니다. 로마의 평화를 대신하는 '그리스도의 평화'라는 메시지가 사람들의 가슴을 울렸습니다.

아이러니한 것은 로마가 강력한 군대를 파견하기 위해 닦았던 길들("모든 길은 로마로 통한다"라는 말에는 피식민지 백성들의 피와 눈물이 서려 있습니다)이 복음 전파의 통로가 되었다는 사실입니다. 로마가 동쪽으로 군대를 보낼 때 복음은 서쪽으로 진군을 거듭했습니다.

　그러나 무엇보다 우리가 눈여겨보아야 할 것은 초대교회가 견지했던 '한 몸' 의식입니다. 바울 사도는 교회를 설명하기 위해 '그리스도의 몸'이라는 은유를 사용했습니다. 각 지역에 세워진 교회는 한 하나님, 한 그리스도, 한 성령, 한 세례 안에 있다는 것입니다. 그리스도의 몸이라는 은유가 단순한 문학적 수사가 아니라 실재가 된 계기는 예루살렘에 머물던 신자들의 곤경이었습니다. 바울 사도는 아가야 지방, 마케도니아 지방에 있는 교우들에게 기독교 신앙의 출발점이라 할 수 있는 예루살렘 모교회 교우들을 기억해 달라고 부탁했습니다. 바울 사도를 통해 소아시아 지방과 유럽에 세워진 교회들은 생면부지의 사람들을 위해 기꺼이 의연금을 모았습니다. 넉넉한 중에 낸 것이 아니라 자기들도 어려웠지만, 지체의 고통을 함께 짊어지기 위해서였습니다. 사랑의 나눔이 있는 곳에 하나님도 계십니다.

　지금 우리는 잠시 비대면 상황 속에 있지만, 하나님의 크신 손이 우리를 감싸 안고 계십니다. 피차 그리워하고, 서로를 위해 기도하고, 어려움을 함께 나누고, 격려하는 말을 주고받는 것이 그리스도의 몸을 든든히 세우는 일이 되리라 생각합니다. 미래에 대한 전망이 불투명한 상황 속에서 살고 있기에 많은 이들이 불안해합니다. 하지만 지레 걱정한다고 문제가 해결되는 것은 아닙니다. 겪어야 할 것은 겪을 수밖에 없습니다. 지며리 이 상황을 지켜보며 그리스도인답게 사는 것이 무엇인지를 묻고 또 물어야 합니다. 늘 곁에 두고 있는 글 가운데 일부를 들려드리고 싶습니다.

당신은 요즈음 왜 그렇게 기운이 없어 보이는가? 스스로도 무엇 때문인지 잘 모르고 있는 것이 아닌가? 자꾸만 마음의 평화를 어지럽히는 모든 근심 걱정과 좌절감과 피로감을 다 주께 맡겨 드려라. 그리고 당신의 아내에게, 당신의 형제에게, 당신의 이웃 사람에게, 또는 직장의 동료에게 웃음 띤 얼굴로 대해 보라. 당신의 웃음 띤 얼굴은 조금 전까지만 해도 그렇게 멀어 보이던 당신의 기쁨을 드러내 줄 것이다. 다른 사람의 행복을 찾아주기 위해 자신의 행복을 찾기를 포기하는 바로 그 순간에 당신의 기쁨은 시작될 것이다.

당신이 아직도 그 우울증으로 인해 번거롭다면 잠깐 멈추어 서서 무엇이 잘못되었는지 생각해 보라. 당신은 언제나 당신 인격의 가장 깊은 곳에 도사리고 있는 자애심自愛心을 발견할 것이다. 그러나 포기해서는 안 된다. 아직도 당신 손아귀에 쥐고 놓지 않으려는 그것을 하나님께 봉헌하라. 그런 다음에 자신의 일을 돌보지 말고 다른 사람의 행복을 찾아주는 데로 눈을 돌려라.[20]

어려운 일이 많겠지만 우리를 좋아하고 기뻐해 주는 신앙의 벗들이 있다는 사실을 잊지 마십시오. 우리는 잠시 떨어져 있지만 함께 있습니다. 힘겨운 일상 가운데 빚어지는 아름다운 이야기가 있다면 서슴없이 들려주세요. 하나님의 사랑이 우리의 사귐 가운데 머무시기를 기원합니다.

2020년 6월 13일

로제트식물처럼

그들은 미스바에 모여서 물을 길어다가, 그것
을 제물로 삼아 주님 앞에 쏟아붓고, 그 날 종
일 금식하였다. 그리고 거기에서 "우리가 주님
을 거역하여 죄를 지었습니다!" 하고 고백하였
다. 미스바는, 사무엘이 이스라엘 자손 사이의
다툼을 중재하던 곳이다(삼상 7:6).

주님의 은총과 평화가 주 안에서 형제자매 된 모든 이들의 삶 가운데 함께하시기를 빕니다.

다들 무고하고 평안하신지요? 하루하루 살얼음판 위를 걸어가는 것처럼 위태로운 나날입니다. 길고 길었던 장마 끝에 푸른 하늘을 볼 수 있어 참 좋았는데, 즉각 대규모 감염 사태라는 먹구름이 몰려왔습니다. 조금씩 회복의 길로 접어들고 있다고 기뻐하며 온 교우가 한자리에 모여 예배 드릴 날을 고대했지만, 현실은 정반대로 흘러가고 있습니다. 안타깝고 속상합니다.

특별히 교회가 감염의 매개라는 사회적 오명을 받고 있으니 참담하기까지 합니다. 새살이 돋아나기도 전에 딱지부터 떼고 보려는 조급증이 문제였습니다. 언제부터인가 교회를 향한 사회적 시선이 사뭇 가팔랐는데, 이제는 노골적으로 혐오 집단 취급을 받고 있습니다. 어느 식당에는 '교회 다니는 사람들 출입 금지' 팻말이 붙어 있다고 합니다. 직장에 다니는 이들은 월요일이 되면 작성해야 하는 문답표의 "교회에 다녀왔습니까?"라는 질문 때문에 마음이 무너진다고 합니다.

십자가를 바라보며 평생을 살아왔는데, 지금은 기독교인이라는 사실이 드러날까 전전긍긍하는 이들을 볼 때마다 가슴이 미어집니다. 일상이 무너지고 있습니다. 교회가 다시 영상 예배로 돌아가고, 학교가 다시 문을 닫고 있습니다. 좁은 영업장에서 오지 않는 손님을 기다리는 영세 상인들의 시름이 깊어 갑니다. 중소상공인들의 한숨이 점점 커지고 있습니다. 누구보다 더 딱한 이들은 감염병의 최전선에서 사투를 벌이는 의료진입니다. 시간이 지나면 나아지리라는 기대가 어려움을 이기게 하지만, 상황이 더욱더 어려운 쪽으로 흘러가니 암담할 것입니다. 의료진과 방역을 위해 수고하시는 분들을 위해 기도하기를 쉬지 말아야 할 까닭이 여기에 있습니다.

교우들 가운데도 사업의 어려움을 겪는 분들이 많습니다. 건강의 어려움을 겪는 이들도 있습니다. 결혼식 날이 다가오는데 하객 수를 제한하는 행정 조치로 어찌할 바를 몰라 당혹스러워하는 이들도 있습니다. 사회적 관계 대부분을 교회 중심으로 맺어 왔던 분들의 쓸쓸함 또한 적지 않습니다. 참 힘겨운 시절입니다. 그래도 견뎌야 합니다. 그냥 이를 악물고 견디는 데 그칠 것이 아니라, 새로운 상상력을 가지고 이 시간을 살아 내야 합니다. 그게 어떤 거냐고 물으시면 딱히 드릴 말씀이 없습니다. 암중모색해야 합니다. 길이 보이지 않아도 지향은 바로 해야 합니다.

교회가 지탄의 대상이 된 것은 지향이 잘못되었기 때문입니다. 언제부터인지 교회는 그리스도라는 푯대를 잃어버렸습니다. 예수님은 "나를 따르라" 하셨지만, 교회는 "예수를 믿으라"고 가르쳤습니다. 그래서 사람들은 십자가의 길을 걷기보다는 예수를 대상화하는 일에 열중했습니다. 구원은 '행위'가 아니라 '믿음'으로 얻는 것이라는 말을 반복했습니다. 우리가 하나님을 믿는 까닭은 좋은 사람이 되는 것이라고 말하면 인본주의를 설파한다는 지적을 받기 일쑤였습니다. 교회는 점점 시민의 상식에서 멀어졌습니다. 꿩 잡는 게 매라고 대형 교회 목사들에게 사람들의 시선이 쏠리기 시작했고, 그들은 점점 자신의 종교 권력에 도취했습니다.

권력에 도취하는 순간 종교는 타락하게 마련입니다. 신성한 것이 타락하면 마성적으로 변하는 법입니다. 그들은 자기들의 말이 일으키는 사건에 도취했습니다. 자기를 추종하는 이들이 많아질수록 그들의 말은 더욱 거침없이 질주했고, 하나님을 모독하는 말을 내뱉으면서 그것을 하나님과의 친밀함의 표현이라고 말하기도 했습니다. 사람들 속에 증오심을 심고 혐오를 부추김으로 자기 이익을 극대화하는 이들은 진리와 무관한 이들입니다. 사람들이 경험하는 불안을 이용해 거짓과 현실의 차이를 흐려 놓는 이들이 많습니다. 성도들의 분별력이 필요합니다.

하나님은 우리 삶의 토대를 뒤흔드는 낯선 존재로 다가

오실 때가 많습니다. '나의 욕망' 혹은 '나의 이익'을 중심에 놓고 세상을 바라보는 일을 그만두라고 말씀하시니 말입니다. 믿음으로 산다는 것은 '나 좋을 대로' 사는 것이 아니라 누군가의 이웃이 되는 것입니다. 이웃은 우리가 잘 아는 사람일 수도 있지만, 생면부지의 사람일 수도 있습니다. 환대의 공간을 넓히는 것이야말로 우리가 받은 소명의 핵심입니다.

바울 사도는 성도들을 가리켜 '그리스도의 향기', '그리스도의 편지'라 말했습니다. '생명에 이르게 하는 향기'라는 은유는 기독교인의 삶이 어떠해야 할지를 잘 보여 줍니다. 욕망의 악취가 진동하는 세상에서 우리를 불러 주신 것은 청신한 삶의 기운을 불어넣으라는 뜻이었을 것입니다. 시절이 어려울수록 이 소명을 더욱 굳게 붙들어야 합니다.

얼마 전에 읽은 책의 한 대목이 제 마음에 크게 남아 있습니다. 레베카 솔닛은 역사 속 대규모 재해 현장에서 벌어진 일들을 살피다가, 재난이 낯선 이들에 대한 경계심을 강화하기는커녕 사람들을 더욱 깊이 결속시키기도 한다는 사실을 발견하고 《이 폐허를 응시하라》라는 책을 썼습니다. 1906년 4월 18일, 샌프란시스코에 대지진이 발생했습니다. 매립지와 늪지대에 세운 건물들이 쓰러졌고, 수도와 가스관이 파괴되었습니다. 전차 궤도가 엿가락처럼 휘어졌고, 공동묘지의 묘석까지 쓰러졌습니다. 화재까지 겹쳐 도시는 아비규환으로 변했습니다. 미용사 겸 마사지사로 일하던 아멜리아 홀스 하우저는 새크라멘토가에 있는 자기 집에서 지진을 만났습니다. 아멜리아는 침착하게 화장을 하고 장신구를 달고 머리 매무새를 고친 뒤 공원으로 대피했습니다. 대피한 지 사흘째 되는 날 아멜리아는 담요 여러 장과 카펫, 침대보를 이어 붙여서 사람들을 수용하는 대형 천막을 만들어 어린아이들의 쉼터를 지었습니다. 그리고 그 옆에 작은 무료 급식소를 열었습니다. 어리둥절하던 사람들도 아멜리아의 선한 뜻에 동참하면서 급식소는 유쾌한 소란으로 가득 찼습니다. 재난 상황이었지만 사람들은 그곳에서 새로운 사회적 유대를 경험했던 것입니다.

아멜리아는 급식소에 '궁전 호텔'이라는 역설적인 간판을 달았습니다. 함께 즐겁게 그 상황을 이기자는 뜻이었을 겁니다. 그런데 급식소 옆에 자리 잡고 있던 네바다주 출신의 구호팀이 '궁전 호텔'이라는 이름이 자칫 오해의 소지가 있다면서 새로운 이름을 지어 주었습니다. 그 이름은 '미스바 카페'입니다. 네바다 구호팀은 간판 위에 "자연이 한번 손을 대면 전 세계가 친구가 된다"라는 문장을 써넣었습니다.

레베카 솔닛은 백과사전이 정의하는 '미스바*mizpah*'는 히브리어로 '(물리적으로나 죽음에 의해) 분리된 사람들 사이의 정서적 유대'를 뜻한다고 설명했습니다.[21] '미스바'는 안식처, 희망에 찬 기대의 장소를 상징하는 말이기도 합니다. 우리에게 익숙한 것은 아무래도 국가적 비상사태가 발생하면 사람들이 만나곤 했던 망루라는 뜻일 겁니다(삼상 7장). 저는 '미스바 카페'라는 이름에 깊은 인상을 받았습니다. 아멜리아는 나중에 그때의 기억을 회고록으로 남겼습니다. 그런데 그 회고록 속에는 두려움, 적, 혼란, 갈등, 낙담, 정신적 외상 같은 것들은 등장하지 않습니다. 오히려 낯선 사람이 친구가 되고 협력자가 되었던 놀라운 사건을 증언하고 있습니다. 아멜리아 홀스 하우저는 인간의 존엄이 무엇인지를 우리에게 일깨워 주고 있습니다. 이 어려운 팬데믹 시대에 교회가 '미스바 카페'가 될 수 있을까요? 이게 우리 앞에 주어진 질문인 동시에 도전입니다. 청파교회는 바로 이런 교회를 지향해야 합니다. 교우 여러분의 협력과 헌신이 필요합니다.

이런 상황이 언제까지 지속할지는 알 수 없습니다. 초조해하지 마십시오. 우리는 몸으로는 떨어져 있어도 영적으로 깊이 연결되어야 합니다. 하나님이 우리와 함께, 우리를 통해서 하시려는 일이 무엇인지 자꾸 물어야 합니다. 로제트식물은 민들레처럼 지면에 붙어서 뿌리에서 발생한 잎을 장미 모양으로 펼치고 월동하는 식물을 가리키는 말입니다. 교회에 불어닥친 이 칼바람 속에서 우리는 로제트식물의 지혜를 배워야 합니다. 허장성세를 버리고 본질을 굳게 붙들어야 합니다. 여러분의 지혜와 제안이 필요합니다. 마음을 열고 경청하겠습니다. 언제라도 좋은 제안을 해 주십시오. 무더위가 남아 있다곤 하지만, 그래도 가을이 다가오는 조짐이 보입니다. 내내 건강하게 지내시고, 유머와 유쾌함으로 주변에 가득 찬 우울한 기운을 몰아내십시오. 어려운 일이 있으면 꼭 알려 주십시오. 삼위일체 하나님의 사랑이 우리를 굳게 붙들어 주시기를 기원합니다.

2020년 8월 21일

제 소임에
충실하면

주님께서 높은 곳에서 손을 내밀어 나를 움켜
잡아 주시고, 깊은 물에서 나를 건져 주셨다. 주
님께서 나보다 더 강한 원수들과 나를 미워하
는 자들에게서 나를 건져주셨다(시 18:16-17).

주님 안에서 형제자매 된 교우 여러분, 지난 한 주간 잘 지내셨는지요?

너무나 큰 어려움이 연거푸 다가와 우리를 뒤흔들어 놓고 있습니다. 코로나19, 긴 장마, 태풍까지 무엇 하나 녹록지 않은 상황입니다. 다행히 8호 태풍 바비는 큰 피해를 남기지 않고 스러진 것 같습니다. 그나마 다행이라고 하겠습니다. 물론 수확기를 앞두고 있던 과수 농가들이 입은 피해야 말해 무엇하겠습니까?

요즘은 아침 10시 무렵이 되면 마치 습관처럼 중대본의 발표를 기다립니다. 마음 깊은 곳에서 확진자 수가 줄어들었다는 소식을 기대하지만 상황은 악화일로입니다. 방역 당국은 지금이 매우 위험한 시기임을 여러 차례 고지한 바 있습니다. 저절로 "언제까지?"라는 시편 기자들의 억눌린 함성과 탄식이 터져 나옵니다. 같은 상황이 주기적으로 반복되면서 피로감도 심해집니다. 우리도 그러한데 최전선에서 환자들을 돌보는 의료인들이 느끼는 피로감은 말할 나위도 없을 것입니다. 끝이 보이지 않는 터널을 지나는 느낌입니다. 밝고 따뜻한 이야기는 별로 들려오지 않고 도처에서 성난 음성과 거친 몸짓들이 난무합니다.

이럴 때 필요한 일은 우리가 서로의 이름을 부르는 일입니다. 지난 한 주간 여러 교우께서 잘 지내고 있다는 소식을 전해 주셨습니다. 모두가 직접 만나 이야기를 나누던 때가 그립다고 말합니다. 정말 그렇습니다. 소중한 것들은 부재를 통해서만 뚜렷하게 인식되곤 합니다. 우리가 일상적으로 누렸던 일들이 얼마나 귀한 것이었는지 이제야 분명하게 깨닫고 있습니다. 세상에는 당연한 것이 하나도 없습니다. 아침에 일어나면 동녘 하늘에 벌건 해가 떠오른다는 사실은 누구나 알지만, 그 해의 온기를 누리는 것은 하늘로부터 오는 은총입니다. 시간은 우리에게 본래 주어진 것이 아니라 순간순간 위로부터 오는 선물이니 말입니다.

결혼식 날짜를 잡아 놓았다가 몇 번씩이나 연기해야 하는 예비부부들을 보며 안쓰러웠습니다. 더는 미룰 수 없어 결혼식을 진행하지만, 하객 수 제한 때문에 가족들 말고는 더 초대할 수 없어 속상해하는 분들도 계십니다. 귀국 독주회 날짜를 잡아 놓고 대관까지 한 상태인데, 결국 취소할 수밖에 없게 된 교우도 있습니다. 각급 학교의 개학을 기다리던 학생들도 학부모들도 난감해하고 있습니다. 일일이 다 언급하지 않더라도 이런 일은 비일비재합니다. 잠시 얼떨떨하고 억울하다는 생각이 들기도 하지만, 이것도 우리 생의 일부려니 하고 극복해야 할 것 같습니다. 종종 드렸던 말씀입니다만 임마누엘 칸트는 자기 인생을 든든하게 붙들어 준 문장이 있다고 말했습니다. "주께서 나와 함께하심이라Du-bist-bei-mir." 우리도 이 말씀을 굳게 붙들어야 합니다. 지금은 주님이 멀리 계신 것처럼 보일지 모르나 주님은 지금도 우리 곁에, 앞에, 뒤에, 함께 계십니다.

코로나 시대가 슬픈 것은 낯모르는 사람에게 경계심을 품게 만들기 때문입니다. 교인들이 교회에 출입하지 못하고 있음에도 불구하고, 불쑥 교회에 찾아오시는 분들이 있습니다. 오신 분을 싸늘하게 돌려보내기 어려워 잠시 응대하면서도 찜찜한 마음이 드는 것은 어쩔 수 없는 현실입니다. 환대의 공간이어야 할 교회가 금기의 장소처럼 변하고 있는 현실이 안타깝습니다. 삶이 곤고할 때마다 예배당에 나와 하나님 앞에 엎드려 울기도 하고, 교우들과 목청껏 찬양을 드리면서 느꼈던 따뜻한 위안이 참 그립습니다.

마음이 스산할 때면 하릴없이 이 책 저 책을 펼쳐 아무데나 읽어 보는 습관이 있습니다. 우연히 마주친 어느 한 대목이 제 마음의 등불이 되어 줄 때도 있음을 알기 때문입니다. 누렇게 색이 변한《구상 시 전집》을 들추며 냄새도 맡고, 책벌레도 털어 내다가 한 구절에 눈길이 갔습니다. 〈진실로 제 나라 제 겨레를〉이라는 시의 일부입니다.

여보게!
때로는 세상살이가 어지럽다고

오늘로 삶을 걷어나 치울 듯
호들갑을 떨지 말게

義人 열만 있으면
소돔과 고모라도 멸하지 않는댔지
썩고 곪으면 터지게 마련이요
새살이 다시 나는 게 자연 이치니
서로가 제 소임에 충실하면서
서로가 제 허물을 고쳐 나가노라면
어떠한 악순환도 마침내 끝장이 날 걸세[22]

　'호들갑'이라는 단어에 눈길이 갔습니다. 그렇습니다. 힘든 상황인 것은 분명하지만 호들갑 떨 것까지는 없습니다. 정신을 가다듬고 제 소임에 충실하고 허물을 고쳐 나가야 합니다. 교회에 쏟아지는 비난의 소리와 시선이 사뭇 따갑습니다. 교인들조차 교회를 부끄러워합니다. 지금은 엎드려 우리의 믿음이 경박하지 않았는지, 예수 정신과 무관한 것은 아니었는지 돌아보아야 할 때입니다. 많은 이들이 대면 예배를 당분간 금지하는 정부 방침이 기독교에 대한 탄압이라고 말합니다. 죽음을 무릅쓰고라도 예배를 지속해야 한다고 결기에 차서 말하는 이들이 있습니다. 영상 예배는 진정한 예배가 아니라고 말하기도 합니다. 저는 그 말에 조금도 동의할 수 없습니다.

네이선 미첼은 《예배, 신비를 만나다》라는 책에서 "예배의 윤리적 가치가 이웃들과의 삶 속에서 제대로 구현될 때, 진정한 예배가 되는 것이다. 이때 몸의 역할이 필수 불가결하다"[23]라고 말합니다. 예배는 하나님께서 죄인인 우리를 위해 일하시는 것에서 출발하여 그 은총에 반응하는 우리의 응답입니다. 진실한 예배는 특정한 장소성에 달린 것이 아닙니다. 네이선은 그래서 "교회의 예전은 이웃의 예전 liturgy of neighbor을 통해 그 진정성과 유효성을 검증받아야 한다"[24]라고 말합니다. 감염병 시대의 예배는 이웃들을 위험에 빠뜨리지 않는 것에서 시작해야 합니다. 교회를 어렵게 만드는 것은 예배의 중단이 아니라, 형식 논리에 빠져 진실한 예배를 외면하는 이들입니다.

다목적실에 전시된 사진들을 무심코 바라보다가 몇 해 전 성탄절 행사를 마친 후 찍은 단체 사진이 눈에 들어왔습니다. 기쁨과 설렘, 따뜻함과 신뢰가 그 속에 담겨 있었습니다. 기차를 타고 가을 나들이 갔던 사진을 보니 함께했던 시간이 더욱 그리움으로 다가왔습니다. 언제쯤이면 이런 일상이 회복될까요? 그 날과 시는 아무도 모릅니다. 그렇기에 더욱 오늘을 충실히 살아야 하겠습니다.

교우 여러분, 부디 자중자애하셔서 건강을 잘 유지하십시오. 기독교인임을 부끄러워하지 마십시오. 지금부터라도 예수 정신에 따라 삶을 재편하십시오. 이웃들에게 기쁜 소식이 되기 위해 노력하십시오. 어려울 때일수록 유머 감각을 잃지 않도록 유의하십시오. 따뜻한 말과 표정으로 주위 사람들의 가슴에 봄소식을 전하십시오. 영상으로 드리는 예배에 정성을 다해 참여하십시오. 오늘도 내일도 우리는 하나님의 생명 싸개 속에 있음을 잊지 마십시오. 주님의 은총과 평강을 기원합니다.

2020년 8월 29일

삶의 벼릿줄

바람이 그치기를 기다리다가는, 씨를 뿌리지
못한다. 구름이 걷히기를 기다리다가는, 거두어
들이지 못한다. … 아침에 씨를 뿌리고, 저녁에
도 부지런히 일하여라. 어떤 것이 잘 될지, 이것
이 잘 될지 저것이 잘 될지, 아니면 둘 다 잘 될
지를, 알 수 없기 때문이다(전 11:4, 6).

좋으신 주님의 은총과 평화를 빕니다.

또 한 주가 흘렀습니다. 어떻게 지내셨는지요? 이 어두운 터널의 끝이 여전히 보이지 않는 것 같아 조바심도 나고 답답하기도 합니다. 유쾌하고 즐거운 소식은 들려오지 않고 난감한 이야기만 자꾸 우리 귓전을 어지럽힙니다. 증오와 혐오를 선동하는 이들이 사람들을 미혹합니다. 거짓 뉴스를 만들어 유포하는 일을 반복하면서 자기 이익을 도모하는 이들이 사회를 갈등 상황으로 몰아가고 있습니다. 누구를 만나 웃고 떠들면 속이 좀 풀릴까 싶지만 그럴 수도 없습니다. 안 되는 것 때문에 애달파할 것 없습니다. 그러려니 하고 조금 더 견뎌야 합니다. 믿는 이들은 더욱 그러해야 합니다.

태풍 마이삭이 지나갔습니다. 큰 피해를 보지는 않으셨는지요? 공원을 걷다가 꺾이고 찢기고 뽑힌 나무들을 물끄러미 보면서 가슴이 저릿했습니다. 물기가 없어 회복력을 상실했기 때문일 겁니다. 수확을 앞둔 과일들이 우수수 떨어져 바닥에 뒹구는 것을 바라보는 농부의 마음에 비길 수 있겠습니까만, 모든 상처는 우리에게 아픔입니다. 온 땅이 하나님의 영광으로 가득 차 있다는 시편 시인의 고백이 가끔은 공허하게 느껴집니다. 아픔과 상실의 고통을 겪는 이들이 너무 많기 때문입니다. 현실의 가장자리에 살면서 중심에 이르는 길을 찾으려 노력하지만, 그 길이 끊긴 것처럼 보일 때가 많습니다.

환한 빛을 갈망하지만 캄캄한 어둠이 우리 영혼에 드리워 있습니다. 이럴 때 필요한 것이 바로 성도들이 나누는 온기입니다. 어둠이 지배하는 것처럼 보여도 온기를 잃지 않을 수 있다면, 우리는 결국 어둠 너머의 빛과 만나게 될 것입니다. 만날 수 없는 시간이 길어지고 있지만, 어떤 경우에라도 우리 곁에 벗들이 있다는 사실을 확신할 수 있다면, 고달픈 시간을 견딜 수 있을 겁니다.

반얀나무를 아시는지요? 아열대 지방에서 주로 자라는 이 나무는 뿌리가 얕아서 비바람을 견디기 위해 나름의 전략을 마련했다고 합니다. 가지에서 땅으로 뿌리를 내리는 것이지요. 땅에 닿은 뿌리는 이내 나무줄기가 되어 나무를 받쳐 줍니다. 반얀나무 한 그루가 커다란 숲을 이루기도 한답니다. 반얀나무 이야기를 처음 들었을 때 크게 감동했습니다. 하나님의 나라가 확장되어 가는 것이 바로 그와 같을 거라는 생각이 들었기 때문입니다. 서로 연결되어 함께 비바람을 견디고, 뭇 생명을 먹이고 재우고 품어 주는 숲이 되는 것, 바로 그것이 우리에게 주어진 사명입니다.

교회에 대한 조롱과 냉소가 우리 마음에 깊은 상처를 남기고 있습니다. 부끄럽다고 등을 돌리지 마십시오. 믿음은 절망의 상황을 희망으로 바꾸는 것입니다. 가야 할 길이 멀다고 하여 지레 주저앉으면 안 됩니다. 어린 시절의 기억이 떠오릅니다. 설날이 다가오면 아버지는 방앗간에서 가래떡을 몇 말씩 뽑아 오셨습니다. 말랑말랑한 가래떡을 조청에 찍어 먹는 맛이야 일러 무엇 하겠습니까? 다음 날 새벽이면 또각또각 떡 써는 소리에 잠에서 깨곤 했습니다. 가래떡이 딱딱하게 굳기 전에 작업을 마쳐야 했던 아버지는 새벽부터 일을 시작하셨던 것입니다. 꾸덕꾸덕하게 마른 떡을 써는 아버지의 모습을 물끄러미 지켜보다가 '저걸 언제 다 써나' 하는 생각에 암담했던 기억이 납니다. 애써 잠을 다시 청한 것도 어찌 보면 그 지루한 시간을 견딜 힘이 제게 없었기 때문일 겁니다. 그런데 얼마 후 창호문으로 새어 든 햇빛에 찔려 잠에서 깨 보면 아버지는 어느새 떡을 다 썰어 놓고 다른 일거리를 찾아 부지런히 몸을 놀리고 계셨습니다. 그 기억은 아득함과 막막함 사이에서 바장일 때마다 저를 지켜 주는 등불입니다.

만리장성도 돌 하나를 놓는 것에서 시작되었다지 않습니까. 위대한 미술 작품 또한 마찬가지입니다. 수없이 많은 붓질을 통해 형태가 이루어집니다. 세상의 모든 아름다운 것 속에는 지루하기 이를 데 없는 시간이 온축되어 있습니다. 현대인들은 참을성이 부족합니다. 늘 뭔가 새로운 선택

앞에 서기 때문입니다. 이드거니 어떤 일에 집중하지 못하고 늘 새것에 마음을 빼앗깁니다. 종교조차 소비재가 된 것처럼 보입니다.

예수님이 어부들을 제자로 부르실 때 그들은 그물을 던지거나(시몬과 안드레), 배에서 그물을 깁고(야고보와 요한) 있었다고 합니다(막 1:16-20). 그들은 부르심을 받은 즉시 그물을 버리고 예수를 따랐습니다. 부름에 따른 즉각적인 응답이 매우 인상적입니다. 1세기 갈릴리 어부들의 사회·경제적 상황은 매우 열악했습니다. 갈릴리를 다스리던 헤롯 안티파스는 종주국인 로마에 잘 보이기 위해 갈릴리 호숫가에 당시 황제인 티베리우스의 이름을 딴 도시 티베리아스를 세웠습니다. 물론 그 재원은 다 백성들에게서 나왔습니다. 어부들도 배 혹은 그물의 크기에 따라 세금을 내야 했습니다. 세리들은 조황이 좋든 나쁘든 세금을 징수했습니다. 어쩌다 많은 고기가 잡혀도 어부들은 그 고기를 마음대로 처분할 수 없었습니다. 헤롯이 외화벌이를 위해 호숫가에 만들어 놓은 염장 처리 공장에 헐값으로 넘겨야 했기 때문입니다. 어부들은 그야말로 궁지에 몰려 있었습니다. 그들은 세상이 뒤집히기를 기다렸는지도 모르겠습니다.

초기 제자들의 이야기를 저는 늘 이런 방식으로 접근했습니다. 그런데 요즘은 부름 자체보다 부름받기 전에 그들이 하던 일에 눈길이 갑니다. 그들은 바늘코로 한 땀 한 땀 그물을 깁고 있었습니다. 그물을 깁는다는 것은 다른 그물눈에 의지하여 새로운 그물눈을 만드는 일입니다. 요즘 유행하는 말로 하자면 '연결'을 만드는 것입니다. 교회란 바로 그런 연결 속으로 들어가고, 다른 이들과 연결되는 것을 기꺼이 받아들이려는 이들의 모임입니다. 서로 무거운 짐을 짊어지고, 기쁨과 슬픔의 연대를 이룰 때 힘겨운 시간을 견딜 수 있습니다. 그리고 마침내 생명의 중심에 당도할 수 있습니다. 그 과정이 지루해도 포기하면 안 됩니다. 삶이란 어쩌면 그런 지루함을 견디는 것인지도 모르겠습니다.

주님은 지루함을 무턱대고 견디던 이들을 사람 낚는 어부로 부르셨습니다. 지향과 뜻을 부여하신 것입니다. 그물을 쓸모 있게 만드는 것은 '벼릿줄'입니다. 벼릿줄은 그물을 오므리거나 펼 때 쓰는 로프를 가리키는 말입니다. 그물이 아무리 커도 벼릿줄이 없으면 무용지물입니다. 우리 인생의 벼릿줄은 무엇입니까? 예수 그리스도가 아닙니까? "나는 내가 어디에서 와서 어디로 가는지를 알고 있기 때문이다"(요 8:14)라고 하셨던 주님의 말씀이 저는 사무치게 좋습니다. 이것이 우리의 고백이 되면 좋겠습니다. 그것을 알고 사는 사람과 그렇지 않은 사람은 같을 수 없습니다.

뜻을 아는 사람은 쉽게 무너지지 않습니다.

이제 며칠 후면 백로 절기가 시작됩니다. 아침저녁 바람이 제법 시원합니다. 그 바람 앞에 서서 여름내 우리를 사로잡았던 울울함을 떨쳐 버리면 좋겠습니다. 교회력으로는 창조 절기에 접어들었습니다. 진부하고 무질서한 삶에서 벗어나 창조적인 삶으로 옮겨 가야 할 때입니다. 좋은 날이 오기를 막연히 기다리지 마십시오. 좋은 일을 지금 시작하십시오. 삶은 순례입니다. 순례자는 장소와 장소 사이를 그냥 빠르게 지나가는 사람이 아니라, 모든 시간을 참회와 치유의 시간으로 삼는 사람입니다.

여러분이 순례길의 동반자라는 사실이 얼마나 고마운지 모르겠습니다. 멀리 떨어져 있어도 우리는 한 길을 가고 있습니다. 가끔 바람결에라도 사는 이야기 들려주십시오. 믿음 안에서 걸어가는 나날이 하나님의 마음을 향한 순례 여정이 되기를 빕니다. 새로운 태풍 하이선이 다가오고 있다지요? 잘 대비하셔서 어려움을 이길 수 있으면 좋겠습니다. 힘들 때일수록 '미소 명상' 잊지 마십시오. 얼굴이 웃으면 마음도 따라 웃는답니다. 주님의 평안을 빕니다.

2020년 9월 5일

기꺼이
빠져들기

온전함은 다른 사람과 연결된 느낌, 우리가 사는 장소에 속해 있는 느낌이며 공동체에서 무언가를 공유한다는 무의식적 자각이다. 따라서 개인의 온전함과 공동체에 대한 소속감이라는 두 가지 잣대로 우리는 우리의 건강을 가늠한다. 건강이란 분리되지 않은 상태임을 우리는 본능적으로 알고 있는 듯하다.
_웬델 베리

주님 안에서 형제자매 된 여러분께 인사를 올립니다.

주님의 은총과 평안이 우리의 지친 몸과 마음을 두루 감싸 주시기를 청합니다. 또 한 주가 이렇게 흘렀습니다. 절서節序는 속일 수 없다더니 정말 그런 것 같습니다. 백로 절기로 접어들면서 이제는 제법 시원합니다. 어떤 때는 창틈으로 스며드는 바람에 한기를 느끼기도 합니다. 어느 분이 여름에서 가을로의 이행을 헤비메탈의 시간에서 재즈의 시간으로 옮겨 간 것이라고 하더군요. 매미 울음소리 낭자하던 여름이 끝나고 벽 틈에서 울어 대는 귀뚜라미의 노래가 고즈넉하게 들리는 계절이란 뜻일 겁니다.

다들 조금씩 지쳤지만 이럴 때일수록 소박한 기쁨을 많이 누려야 합니다. 나무에 내려앉는 햇살 한 줌에 눈길을 주고, 차 한잔을 들고 창가에 앉아 물끄러미 바깥을 내다보아도 좋을 것 같습니다. 저도 서재에서 책을 읽다가 책상 옆에 놓인 리클라이너에 가만히 기댄 채 음악 소리에 귀를 기울이기도 합니다. 바흐의 〈미뉴에트〉부터 시작하여 모차르트의 〈터키 행진곡〉으로, 모차르트의 〈피아노 협주곡〉을 듣습니다. 음악의 선율에 잠시 잠겨 들면 어수선하던 마음이 고요해집니다. 제가 생각났다며 좋은 벗이 보내 준 〈거울 속의 거울〉이라는 곡도 즐겨 듣습니다. 어느 분이 정성껏 만들어 보내 주신 다양한 아로마 향이 슬쩍

코끝을 스치면 잠시 행복하다는 생각에 잠기기도 합니다. 문득 어떤 분이 문자를 보내 "나른할 때는 팔 굽혀 펴기를 스무 번 하세요. 맨손체조도~ 그리고 복근 운동" 하고 말씀하시면, 씩 웃으며 자리를 털고 일어나 그 명령에 순종합니다.

그러다가 문득 교우들의 얼굴을 마음에 그려 봅니다. 말투, 표정, 웃음소리, 기쁨의 순간들, 슬픔의 순간들…. 함께 걸어온 시간이 아득한 그리움이 되어 밀려옵니다. 켜켜이 쌓인 기억의 갈피마다 기가 막힌 세월을 함께했다는 고마운 마음이 배어 있습니다. 격절의 세월은 "그대가 있어 내가 있다"는 말이 문학적 수사가 아니라 엄연한 현실임을 깨닫게 합니다. 힘겨운 나날을 보내고 있을 교우들을 생각하며 화살기도를 올립니다. 시간이 너무 빠르게 지나갑니다. 그 시간을 그저 한탄만 하며 지내면 안 됩니다. 얼마 전부터 제가 종종 떠올리는 유대인의 안식일 기도가 있습니다.

하루씩 지나가고 한 해씩 사라지건만, 저희는 기적들 사이를 장님처럼 걸어갑니다. 저희의 눈을 볼 것들로 채워 주시고, 저희의 마음을 알 것들로 채우소서. 당신의 현존이 마치 번갯불처럼 저희가 걸어가는 어둠을 비추는 순간들이 있게 하소서. 저희가 어디를 바라보든, 떨기에 불이 붙었지만 불에 타서 없어지지 않는 것을 볼 수 있게 도우소서. 그리고 당신께서 빚으신 흙덩이인 저희들이 거룩함에 닿게 하시고, 놀라움 가운데 "이 얼마나 경외로 가득한 곳인가!" 하고 외치게 하소서.

지금 우리 앞에 당도한 시간은 '기적'입니다. 교회 화단에 심긴 붉은색 일일초가 파란 가을 하늘을 가만히 바라봅니다. 언제 자리를 잡았는지 쥐꼬리망초, 영아자도 그 작은 꽃을 내밀었습니다. 파란 달개비꽃도 수줍은 듯 고개를 숙이고 대지를 응시합니다. 대추도 가을 햇살을 탐스럽게 빨아들이고 있습니다. 그 기적의 시간을 교우들과 함께 누리지 못하는 것이 못내 아쉽기만 합니다. 한가한 소리 한다고 욕하지 마십시오. 어둠을 이길 힘은 빛을 향해 고개를 들 때 비로소 찾아옵니다.

세상을 방편으로만 보는 사람이 있습니다. 그는 자기 욕망을 이루기 위해 세상을 이용합니다. 지배권을 확보하는 것이 유일한 관심사입니다. 그는 늘 외롭습니다. 욕망 주위를 맴돌기 때문입니다. 하지만 세상을 경이의 마음으로 대하는 이들도 있습니다. 그들은 주어진 세상이 선물임을 늘 자각합니다. 그렇기에 세상은 이용해야 할 대상이 아니라 응답해야 할 부름입니다. 그는 홀로 있어도 외롭지 않습니다. 하찮아 보이는 떨기나무 속에서 신성한 불꽃을 볼 수 있는 눈이 열릴 때 우리는 죄의 중력에 속절없이 이끌리지 않습니다.

경외심이 사라진 곳에 깃드는 것이 불화입니다. 네가 옳으니 내가 옳으니 다투는 소리가 끊임없이 들려오고, 성난 얼굴들이 도처에서 출몰합니다. 사실과 상상력이 자리를 바꾸고 진실과 거짓이 뒤섞여 온통 혼돈입니다. 거짓, 편견, 그릇된 확신, 미움과 저주, 악다구니, 혐오, 분노, 폭력이 꼬리에 꼬리를 뭅니다. 이해와 소통을 위한 진득한 노력보다는 상대방을 함정에 빠뜨리려는 무모한 열정이 사람들을 마구 휘몰아 갑니다. 거친 말, 냉소, 선동의 말을 자주 듣다 보면 우리 마음은 묵정밭으로 변하게 마련입니다.

우리가 정녕 믿는 사람이라면 잠시 멈추어 서야 합니다. 내 입장과 주장을 내려놓고 마음을 가라앉힐 필요가 있습니다. 너무나 많은 사람이 편견에 찬 사람들의 말에 휘둘립니다. 스스로 주체적이라 생각하지만, 사실은 다른 이들이 주입한 생각과 관점과 세계관에서 벗어나지 못합니다. 계몽주의자들은 이런 상태를 일러 미성숙이라 했습니다. 미성숙은 자기가 되지 못한 것이기에 자기에게 빚진 상태라 할 수 있습니다. 인문주의자인 에라스뮈스는 《우신예

찬〉이라는 책에서 '인간 세상의 모든 일은 어리석음의 독무대'라고 말했습니다.[25] 이런 어리석음이야말로 성경이 말하는 타락입니다. 미망에 갇힐 때 우리는 하나님의 형상임을 잊게 마련입니다.

특정한 입장에 갇힐 때 광대한 세계, 신비한 실재는 멀어지게 마련입니다. 신앙이란 나의 뜻을 이루기 위해 신적 힘을 동원하는 것이 아니라, 하나님의 뜻을 알아차리고 그 뜻에 조율된 존재가 되기 위해 엎드리는 것입니다. 믿는 사람은 오만할 수 없습니다. 완고한 태도를 유지할 수도 없습니다. 그들은 언제나 자신이 오류 가능성 속에서 살아가는 존재임을 알기에 하나님의 신실하심 앞에 거듭거듭 자기를 내려놓습니다. 자기를 비울 때 비로소 은총이 우리 속에 유입됩니다. 가을의 초입에 접어들면서 헤르만 헤세의 〈고백〉이라는 시를 우리 마음의 길잡이로 삼으면 좋겠습니다.

다정한 빛살이여, 너의 반짝임에
기꺼이 빠져드는 나를 보라.
남들은 목적과 목표가 있지만,
나는 살아 있다는 것만으로 충분해.

지난날 내 마음을 흔들던 모든 것들은
언제나 내 가슴에 생생하게 느껴지는
무한하면서도 유일한 것에 대한
비유 같다는 생각이 자꾸만 든다.

그러한 상형 문자를 읽는 것은
언제나 인생을 걸어볼 만한 일.
영원한 것, 본질적인 것은
바로 내 마음속에 살고 있으므로.[26]

주님의 부름 안에서 우리는 서로 연결되어 있습니다. 분리되어 있지 않음을 알 때 다시 시작할 용기를 낼 수 있습니다. 백로 절기, 흰 이슬로 내리는 주님의 은총이 우리 마음의 헛헛함을 씻어 내 주시기를 청합니다. 한 주간도 주님의 은총 가운데 당당하게 사십시오. 평안을 빕니다.

2020년 9월 12일

껍질을
벗는다는 것

덧없는 세상살이에서 나그네처럼 사는 동안,
주님의 율례가 나의 노래입니다(시 119:54).

주님의 이름을 높여 기립니다.

지난 한 주간도 평안하게 지내셨는지요? 코로나 블루니 코로나 레드니 하는 말이 널리 유통되는 시대입니다. 코로나가 장기화하면서 찾아오는 영혼의 질병인 우울증과 짜증과 분노가 심각합니다. 재택근무가 늘고 학생들의 등교도 자꾸 미뤄지면서 가족 간의 갈등도 깊어지고 있다고 합니다. 들려오는 소식들이 참 우울하고 암담합니다. 부모의 돌봄을 받지 못한 열 살, 여덟 살 형제가 라면을 끓여 먹다가 화재가 일어나 다치고, 분노를 통제하지 못한 어떤 이는 편의점으로 차를 몰고 들어가 이리저리 휘젓기도 했습니다. 환각 상태에서 차를 몰다가 사고를 낸 이도 있고, 만취 상태에서 차를 몰다가 성실한 가장을 치어 죽이는 일도 벌어졌습니다. 이전에도 전혀 없었던 일은 아니지만, 요즘 이런 일이 더욱 자주 일어나는 것 같아 안타깝습니다.

그동안 우리가 별생각 없이 당연하게 누리던 일상이 오히려 특별한 일처럼 여겨집니다. 마음만 먹으면 언제라도 만나 와자지껄하고, 차 한잔 마시며 정담을 나누고, 참을 찾아가는 길에 마주쳤던 온갖 의문을 놓고 설왕설래하던 시간이 기억의 저편인 양 아득하기만 합니다. 세상에 당연한 것은 아무것도 없다는 말이 실감 나는 나날입니다.

요즘은 조석으로 바람이 시원합니다. 벌써 여러 날 사

용하지 않은 선풍기를 닦아 창고에 들일 시간인 것 같습니다. 공원의 키 큰 나무 밑에 군락을 이루고 있는 꽃무릇이 쓸쓸해 보입니다. 짙은 초록을 자랑하던 나뭇잎들이 마치 햇살을 머금은 듯 조금씩 색이 옅어지고 있습니다. 이제 열매들은 단맛이 스며들며 무르익을 것입니다. 조그마한 텃밭을 가꾸는 지인들이 김장 배추 모종을 심었다고 알려 오네요. 때를 따르며 산다는 게 이런 것일까요? 요즘은 두문불출하며 지내서인지 바람에 흔들리는 갈대와 누렇게 익어 가는 벼의 춤사위가 몹시 보고 싶습니다.

엊그제 교우 한 분이 알밤을 보내 주셨습니다. 작업실 앞에 있는 큰 밤나무에서 떨어진 것을 주웠다고 합니다. 마침 그때 유튜브를 통해 제 설교를 듣고 계셨던 모양인데, 문득 이 밤을 통해 문안 인사라도 건네야겠다는 생각이 들었다고 했습니다. 문득, 어린 시절 설익은 밤을 따서 이빨로 뗣은 보늬[27]를 벗겨 내고 우둑우둑 씹어 먹던 때가 떠올랐습니다. 마을 친구들과 밤나무나 참나무의 상처 난 부분을 나뭇가지로 쑤석거리며 턱이 강한 사슴벌레를 찾던 생각도 아련하게 떠올랐습니다. 달콤한 수액을 탐하다가 어린 꼬마들에게 붙잡혀 동족 간의 싸움에 내몰렸던 사슴벌레들에게 미안하다는 인사를 하고 싶습니다. 밤송이를 발로 밟아 껍질을 발기다가 찢어진 고무신 사이를 파고든 가시에 찔려 비명을 지르던 기억도 아련합니다.

신학교에 들어갔을 때 우리는 성경이 가르치는 시간 개념에 대해 배웠습니다. 일상적 시간, 시계로 계측할 수 있는 양적 시간은 크로노스*chronos*라 하고, 인간이 경험하는 질적 시간, 수직으로 돌입하는 시간을 카이로스*kairos*라 한다고 배웠습니다. 복음서에서 예수님은 자주 "내 때가 아직 이르지 않았다"고 말씀하셨습니다. 그때는 결정적 계시의 순간을 이르는 말입니다. 요한복음에서는 세상에서의 일을 마치고 하나님께 돌아가는 영광의 시간을 가리키는 말입니다. 바로 그때가 '카이로스'의 순간입니다.

부활 이후 승천을 앞둔 주님께 제자들이 여쭈었습니다. "주님, 주님께서 이스라엘에게 나라를 되찾아 주실 때가 바로 지금입니까?"(행 1:6) 그때 주님이 이렇게 대답하십니다. "때나 시기는 아버지께서 아버지의 권한으로 정하신 것이니, 너희가 알 바가 아니다"(행 1:7). 사람들은 '때'의 문제를 자기들의 통제 안에 두고 싶어 합니다. 불확실성을 제거하고 싶기 때문입니다. 하지만 인간은 시간의 주인이 아니기에 때를 통제할 수 없습니다. 다만 그때를 기다리며 살 뿐입니다.

뜬금없이 카이로스 이야기를 하는 까닭은 신학교 교수님들이 카이로스를 설명하기 위해 때가 되면 누가 흔들지 않아도 후드득 소리와 함께 떨어지는 알밤의 이미지를 동원하셨기 때문입니다. 많은 분이 코로나19 사태가 언제 끝날까 궁금해하십니다. 감염병 학자들도 그때를 가늠하기 어렵다니 비전문가인 우리가 뭐라 말할 수 있겠습니까? 그때를 알 수 없다 하여 탄식만 하고 있어서는 안 됩니다. 이것을 일상으로 받아들이며 각자 삶의 자리에서 해야 할 일을 묵묵히 감당해야 합니다. 주님은 불안에 떠는 제자들에게 땅끝까지 이르러 복음의 증인이 되라 이르셨습니다. 눅진눅진한 삶의 자리에 하늘빛을 가져가는 것이 믿는 이들의 소명입니다.

밤에 대한 기억에서 빠질 수 없는 것이 있습니다. 무료한 겨울날이면 화롯불 속에 밤을 묻어 두었다 먹곤 했습니다. 전기조차 들어오지 않던 터인지라 온 식구가 아랫목에 펼쳐 둔 이불에 발을 묻고 옛날이야기를 듣곤 했습니다. 이야기에 열중하다 보면 밤이 타는 줄도 모를 때가 많았지요. 어떤 때는 갑자기 펑 소리와 함께 밤이 튀어 오르기도 했습니다. 밤껍질에 칼집을 내지 않아서 생기는 일이었습니다. 잘하다가도 한 번 그런 실수를 하고 나면 꼬마들에 대한 신뢰가 떨어졌습니다.

사는 게 다 그런 것 같습니다. 살면서 우리는 외부 세계에 의해 상처를 받지 않겠다는 일념으로 여러 가지 껍질을 만들곤 합니다. 그 껍질이 두꺼울수록 자아 또한 강해집니다. 자아가 강하다는 것은 다른 이들과 소통할 능력이 줄어든다는 말과 같습니다. '나 아我' 자는 '손 수手' 자와 '창 과戈' 자가 결합한 것입니다. 손에 창을 들고 있는 것이 자아라는 말입니다. 자아가 강한 사람과 만나고 나면 마음에 상처가 남는 것은 그 때문입니다. 어디선가 들은 말입니다만, 세상에 있는 생명체 중에는 랍스터가 불사에 가장 가까운 존재라 하더군요. 랍스터는 거듭 껍질을 벗으면서 새롭게 태어난다고 합니다. 껍질이 너무 두꺼워져 탈피·탈각을 하지 못하면 결국 죽음을 맞이한답니다.

'껍질을 벗는다는 것'을 신앙의 언어로 말하자면 '거듭남'이라 할 수 있겠습니다. 거듭남은 회개의 열매입니다만, 회개조차 우리의 공로가 아닙니다. 잘못을 반성하고 후회할 수는 있습니다. 새로운 삶을 다짐할 수도 있습니다. 그러나 우리의 결의와 다짐은 시간과 더불어 퇴색되곤 합니다. 우리 몸과 마음에 밴 죄의 버릇은 쉽게 씻어 낼 수 없습니다. 그래서 아우구스티누스는 "삿된 마음에서 육욕이 생기고, 육욕을 따르다 보면 버릇이 생기고, 버릇을 끊지 못하면 필연이 된다"[28]고 했습니다. 필연을 끊어 낼 힘이 우리에게는 부족합니다. 그러기에 은총을 구하지 않을 수 없습니다. 실패와 고통, 시련과 무기력, 권태와 허무와 같은 삶의 부정적 계기를 하나님은 우리의 껍질을 벗기는 기회로 삼기도 하십니다.

역사의 주인이신 하나님은 언약에서 멀어진 백성들을 심판하기 위해 이방 민족들을 도구로 사용하기도 하신다고 성경의 예언자들은 말합니다. 물론 그것은 역사 현실에 대한 하나의 해석입니다. 그런 논리를 우리에게 적용해 본다면 코로나19는 돈이 모든 가치의 중심이 되어 버린 세계와 한국 교회의 실상을 드러내는 역할을 하는 것 같습니다. 자기 확장에 여념이 없던 개신교회가 얼마나 시민사회의 상식에서 멀어졌는지가 여실히 드러나는 나날입니다. 역사가 최종원 교수는 "냉정하게 보자면, 우리 개신교회는 아직 한국 사회의 일원으로 편입하지 못하고 있다. 이제야 비로소 한국 사회와 어떻게 건전하고 바람직한 상호작용을 할 것인지 고민하는 시점에 있다"[29]고 말했습니다.

껍질이 벗겨지는 것 같은 쓰라림과 아픔이 있지만, 그것이 은총의 계기일 수도 있음을 어렴풋이라도 알아차린다면 다행이겠습니다. 사회 현실과 유리된 신앙은 종이로 짓는 집처럼 허망합니다. 주님은 믿는 이들을 가리켜 "너희는 세상의 소금이다. 너희는 세상의 빛이다" 말씀하셨습니다. 소금이 되어야 한다거나 빛이 되어야 한다는 말이 아닙니다. 이 말을 뒤집어 보면 '소금'이나 '빛'이 아니면 그리스도의 사람이 아니라는 말입니다. 두려운 말씀입니다. 두렵지만 복된 말씀입니다. 중요한 것은 그렇게 선언해 주신 현실을 살아 내는 일입니다.

이야기가 길어졌습니다. 할 수 있다면 으늑한 공간에 모여 두런두런 담소도 나누고, 살아온 이야기, 사는 이야기를 나누고 싶지만 아직은 그럴 때가 아닌 것 같습니다. 조속한 시일 내에 함께 모여 예배 드릴 날이 오기를 소망합니다. 어느 곳에서 무엇을 하든 우리들의 삶 이야기가 하나님의 구원 이야기의 일부가 되었으면 좋겠습니다. 교우들의 소식을 목말라합니다. 이 좋은 가을날, 우울이나 분노에 사로잡히지 말고 마음을 넓혀 이웃들을 마음으로 맞아들이십시오. 껄껄 웃으며 주위를 환하게 물들이십시오. 주님의 은총이 우리 가운데 늘 함께하시기를 빕니다.

2020년 9월 19일

머뭇거림으로
만드는 평화

끝으로 말합니다. 형제자매 여러분, 기뻐하십시
오. 온전하게 되기를 힘쓰십시오. 서로 격려하
십시오. 같은 마음을 품으십시오. 화평하게 지
내십시오. 그리하면 사랑과 평화의 하나님께서
여러분과 함께 하실 것입니다(고후 13:11).

대대로 우리의 거처이신 주님을 찬양합니다.

한 주간도 평안하게 지내셨는지요? 맑고 청명한 대기가 우리 마음속 우울함을 조금은 덜어 주는 것 같습니다. 우리 교회의 표어는 아주 오랫동안 '언제나 어디서나 그리스도인'입니다. 잊고 계신 것은 아니지요? 그리스도인 됨은 특정한 시간과 장소에만 국한될 수 없음을 이르는 말입니다. 믿음의 사람들은 하나님과 예수님을 상기시키는 이들입니다. 우리의 존재 자체가 거룩의 세계를 가리켜 보여야 한다는 말이라고도 할 수 있습니다.

하지만 육욕에 길든 우리는 자신이 순례자라는 사실을 까맣게 잊은 채 욕망의 거리를 바장입니다. 가위눌림에서 벗어나기 위해서는 외부의 도움이 필요하듯이 영적인 잠에서 깨어나려면 신앙의 길을 걷는 동지들의 도움이 필요합니다. 비대면의 시간이 길어지면서 우리는 그런 도움을 받지 못하고 있습니다. 하나님이 우리를 공동체로 부르셨다는 사실이 더욱 귀하게 여겨지는 나날입니다.

가을입니다. 푸르름을 자랑하던 나뭇잎들이 조금씩 물드는 모습을 지켜보면 영문을 알 수 없는 쓸쓸함이 찾아옵니다. 열흘 붉은 꽃이 없고 달도 차면 기운다는 말이 실감 나는 나날입니다. 강둑에 앉아 반짝이는 윤슬을 보고 있노라면 아늑한 고요함이 물결처럼 번져 옵니다. 문득 어린 시절에 부르곤 하던 동요들이 떠올라 가만히 불러 봅니다. "낮에 놀다 두고 온 나뭇잎 배는 엄마 곁에 누워도 생각이 나요. 푸른 달과 흰 구름 둥실 떠가는 연못에서 사알살 떠다니겠지." 평화롭지만 쓸쓸한 정경입니다. 생각해 보면 우리가 즐겨 부르던 동요는 대체로 쓸쓸한 느낌을 자아냅니다. 〈섬집 아기〉, 〈겨울나무〉, 〈엄마야 누나야〉 등이 다 그렇습니다. 아기를 혼자 놔두고 섬 그늘로 굴을 따러 가야 하는 엄마의 마음, 눈 쌓인 응달에 외로이 서서 아무도 찾지 않는 추운 겨울에 바람 따라 휘파람만 부는 나무도 그렇지요.

동요는 아니지만, 이은상 선생이 가사를 쓰고 현제명 선생이 곡을 만든 〈그 집 앞〉이라는 곡도 떠오릅니다. "오가며 그 집 앞을 지나노라면 그리워 나도 몰래 발이 머물고 오히려 눈에 띌까 다시 걸어도 되오면 그 자리에 서졌습니다." 이 머뭇거림, 망설임이 요즘 젊은이들에게는 답답함으로 비칠 수도 있겠습니다. 나도 몰래 발이 머물고, 되오면 그 자리에 서졌습니다. 의지적 행동이 아니라 비의지적 행동입니다. 그 속에 애틋함이 있습니다. 서슴없이 당당하게 자기를 표현하는 것이 대세인 듯한 세상이지만, 이런 은근함에 마음이 더 가는 것은 나이 듦의 징조일까요? 어쩌면 너무나 난폭하게 흘러가는 세상에 지쳤기 때문인지도 모르겠습니다.

시몬 베유는 사랑 가운데서 서로를 대하려면 우리에게 필요한 태도가 있다고 말합니다. '머뭇거림'이 그것입니다. 함부로 판단하고, 말하고, 웅대하는 이들이 시원시원해 보일지는 몰라도 삶의 많은 부분을 놓치게 마련입니다. '달의 이면'이라는 말처럼 세상에는 우리가 파악하기 어려운 일이 많고, 그건 사람 살이 또한 마찬가지입니다. 이래도 흥 저래도 흥 하며 살자는 말은 아니지만, 적어도 어떤 사람을 아주 몹쓸 사람으로 몰아붙이지는 말아야 합니다. 이 가을에 이런저런 동요가 떠오른 것은 우리의 거친 세태에 대한 피곤함 때문인지도 모르겠습니다.

매년 가을이면 각 교단 총회로 시끄럽습니다. 영상으로 진행될 수밖에 없는 총회 때문에 설왕설래가 많습니다. 총회는 각 교파의 지향과 정책을 결정하고 교단을 이끌어 갈 리더를 뽑는 것을 주된 소임으로 하고 있습니다. 물론 그 지향은 그리스도의 몸으로서 교회가 이 시대의 문제들에 어떻게 응답할 것인가를 심도 있게 논의하며 결정하는 데 있습니다. 그러나 언제부터인지 총회는 그 기본적인 직무를 내팽개친 채 정치꾼들의 무대가 되어 버리고 말았습니다. 모두가 다 그렇다고 말할 수는 없겠지만, 음성을 높이는 이들은 다 어떤 진영에 속해 있는 경우가 많습니다. 진영 논리에 가담하는 순간 참을 향한 순례는 중단되고 맙니다. 교권을 쥔 이들의 단일한 목소리가 다양한 소리를 압도할 때 진리는 잦아들게 마련입니다. 같은 소리를 내지 않는 이들에 대한 사상 검증을 시도하고, 그들에게 불온의 딱지를 붙여 침묵시키려 할 때 교회는 퇴행의 길을 걷게 될 것입니다. 존 웨슬리는 교리나 예배 방법의 차이가 우리들의 일치를 가로막을 때가 있는 것이 사실이지만, 그렇다고 하여 꼭 갈라설 필요는 없지 않은가 묻습니다.

> 비록 우리가 똑같이 생각할 수는 없지만 서로 사랑할 수는 있지 않을까요? 비록 한 가지 의견으로 통일되지는 못한다 해도 한 마음이 될 수는 있지 않겠습니까? 의심할 여지 없이 우리는 그렇게 할 수 있습니다. 비록 작은 차이점들이 있음에도 불구하고 하나님의 자녀들은 연합되어 있습니다. 서로 간의 차이들은 그대로 놓아두고 하나님의 사람들은 선행과 사랑에 있어서 서로에게 가까이 나아갈 수 있습니다.[30]

누군가를 동화시키려는 것, 자기와 똑같은 방식으로 생각할 것을 요구하는 것은 폭력입니다. 차이는 잠시 놓아두고 서로 공감할 수 있는 것을 근거로 하여 선행을 하는 것이 지혜로운 태도일 것입니다. 우리 사회를 과잉 대표하는 정치 문제로 교회가 분열되고 있습니다. 서로를 부정하는 거친 말이 오고 가면서 그리스도의 몸인 교회가 찢기고 있습니다. 각급 교단의 총회가 그런 대결을 해소하는 화해의 자리가 아니라 더 큰 분열의 자리가 되고 있으니 딱할 따름입니다. 감리교회도 시월 중순에 감독을 뽑는 선거를 하게 됩니다. 감리교회는 그간 감독회장 직무를 두고 오랫동안 다퉈 왔습니다. 혼란이 감리교회에 큰 상처를 남기지 않도록 기도해 주십시오. 감리교회가 새로워져야 할 때입니다.

이제 추석이 다가옵니다. 감염병이 창궐하는 시대에 맞이하는 명절은 기쁨이 아니라 슬픔입니다. 될 수 있으면 많은 이들이 접촉하는 자리에는 가지 않는 것이 좋겠습니다. 제가 가끔 인용하는 정일근 시인의 〈둥근, 어머니의 두레밥상〉을 기억하시는지요? 명절이 되면 각지에 흩어져 살던 가족들이 고향에 돌아가 어머니가 차려 주시는 두레밥상 앞에 앉습니다. 시인은 우리가 한 끼 밥 차지하기 위해 혹은 자기 밥그릇 지키기 위해 날카로운 발톱 가진 짐승으로 변해 버렸다고 고백합니다. 그러나 어머니의 둥근 두레 밥상은 모두가 귀히 여기는 사랑을 회복하라는 일종의 부름이라는 것입니다. 그 사랑이 회복되는 자리라는 점에서 그 식탁은 성찬상이라 해도 과언이 아닐 것입니다. 올 추석에는 이런 둥근 두레 밥상 앞에 둘러앉지 못한다 해도, 서로를 귀히 여기는 마음만은 회복할 수 있으면 좋겠습니다.

아귀다툼이 벌어지는 세상에서 잠시 물러나 생명의 본질을 생각해 보았으면 좋겠습니다. 생명은 '서로 기대어 있음'입니다. "네가 있어 내가 있다"는 사실을 알 때 곁에 있는 이들이 소중하게 다가옵니다. 이맘때면 저는 김종삼 시인의 시 〈묵화墨畵〉를 떠올리곤 합니다. 묵화는 물론 먹으로 그린 그림입니다. 화려하지 않기에 오히려 마음 깊은 곳을 건드리는 그림입니다.

> 물먹는 소 목덜미에
> 할머니 손이 얹혀졌다.
> 이 하루도
> 함께 지났다고,
> 서로 발잔등이 부었다고,
> 서로 적막하다고,[31]

정경이 눈에 잡힐 듯 선합니다. 고단한 하루 일을 마치고 소가 물을 마십니다. 쟁기질을 했는지 모르겠지만 소도 힘겨웠을 것입니다. 할머니는 마치 자식을 돌보듯 소의 목 덜미에 손을 얹습니다. 아무 말도 하지 않지만, 할머니의 마음을 소도 고스란히 느꼈겠지요? "고맙다, 애썼다, 너라도 없었더라면 어쩔 뻔했니?" 부은 발잔등이 안쓰럽습니다. 적막하지만 애상에 빠지지는 않습니다. 시는 '마침표'로 끝나지 않고 '쉼표'로 끝납니다. 이런 상황이 지속될 것임을 알기 때문입니다. 가족끼리도 이런 마음을 품고 서로를 대했으면 좋겠습니다. 가족뿐인가요? 우리가 인생길에서 마주치는 이들 하나하나를 이 마음으로 대한다면 세상이 조금은 따뜻해질 것 같습니다.

분주한 일상 가운데서도 더러 하늘을 바라보십시오. 사회적 거리 두기를 잘 실천하는 범위 안에서 공원 산책이라도 하십시오. 텔레비전만 보지 말고 문득 창문을 열어 밤하늘도 바라보십시오. 도시 불빛 때문에 별이 많이 보이지는 않지만, 그래도 별 하나하나를 헤아리며 그리운 이름들을 떠올렸던 윤동주의 마음도 한번 느껴 보시면 좋을 것 같습니다. 이번 주중에 수술을 받은 교우가 계십니다. 잘 회복 중이어서 감사할 따름입니다. 연세 드신 교우들도 건강에 큰 어려움 없이 잘 지내시니 고맙습니다.

점점 원만한 빛으로 무르익어 가는 벼들이 우리 마음의 날카로운 것들을 녹여 내고 있습니다. 한 주간도 더 좋은 사람이 되기 위해 애쓰면 좋겠습니다. 은총 안에서 걷는 길에 생명의 향기, 평화의 훈풍이 불어오기를 기대합니다. 평안을 빕니다.

2020년 9월 26일

측량할 수 없는
사랑 속으로

하나님, 나를 지켜 주십시오. 내가 주님께로 피
합니다. 나더러 주님에 대해 말하라면 '하나님
은 나의 주님, 주님을 떠나서는 내게 행복이 없
다' 하겠습니다. 땅에 사는 성도들에 관해 말하
라면 '성도들은 존귀한 사람들이요, 나의 기쁨
이다' 하겠습니다(시 16:1-3).

주님의 평안을 빕니다.

한가위 명절 잘 보내셨는지요? 고향을 찾은 분들도 계시고, 집에 머무는 분들도 계시겠습니다. 우려가 있음에도 불구하고 연로하신 부모님을 찾아뵙기 위해 먼 길을 떠나는 그 마음도 귀하고, 그리운 마음을 달래며 영상으로만 인사를 나누는 마음도 귀합니다. 구름이 걷혀 보름달을 볼 수 있어 참 좋았습니다. 우리 마음에도 보름달 하나 둥덩실 떠올랐으면 좋겠습니다. 이게 자동화된 이미지인지 모르겠습니다만, 한가위 보름달 하면 제게는 늘 시골집 초가지붕 위에 열렸던 둥근 박이 떠오릅니다. 보름달과 마주보고 있는 희고 큰 둥근 박의 이미지는 아득한 그리움이 되어 제 마음을 적십니다. 그런 박을 바라보며 어른들이 들려주시던 흥부 놀부 이야기에 귀를 쫑긋했던 시절이 그립습니다.

저는 지금, 마치 전쟁을 치른 것 같은 온 집 안을 정리하고 서재에 앉아 있습니다. 손자 손녀들이 찾아와서 놀다 갔습니다. 집 안 곳곳에 남은 아이들의 흔적이 사뭇 정겹습니다. 깔깔거리는 웃음소리가 들리는 듯하고, 재잘거리며 그림을 그리고 색칠하고 그것을 가위로 자르고 다른 곳에 이어 붙이던 시간이 떠오릅니다. 무한 체력인 아이들을 돌보는 것이 보통 어려운 일이 아님을 다 아시지요? 잠시라도 아이들 눈을 피해 쉬려 하면 "할아버지, 놀아 줘야지!" 하고 호통을 치는 바람에 또 놀이 현장으로 끌려 나가곤 했습니다. 몸은 고단한데 마음은 흐뭇합니다. 놀다가 지치면 아이들은 제 무릎 위에 오도카니 앉아 제 얼굴을 살핍니다. 다섯 살배기 아이가 문득 궁금하다는 듯이 물었습니다.

"할아버지 얼굴에 있는 이 점은 누가 심어 놓은 거예요?"

"내가 기르는 거야."

"뭐 하려고요?"

"나중에 요리해 먹으려고."

"무슨 요리요?"

"이게 버섯이거든. 나중에 할머니가 양념을 넣고 요리해 줄 거야."

"아닌 것 같은데."

낄낄거리고 웃지만 아이는 따라 웃지 않습니다. 쇠락의 징조를 읽는 것일까요? 반칠환 시인의 〈어머니5〉라는 시가 떠오릅니다. 부제가 '검버섯'입니다.

산나물 캐고 버섯 따러다니던 산지기 아내
허리 굽고, 눈물 괴는 노안이 흐려오자

마루에 걸터앉아 먼산 바라보신다

칠십 년 산그늘이 이마를 적신다

버섯은 습생 음지 식물

어머니, 온몸을 빌어 검버섯 재배하신다

뿌리지 않아도 날아오는 홀씨

주름진 핏줄마다 뿌리내린다

아무도 따거나 훔칠 수 없는 검버섯

어머니, 비로소 혼자만의 밭을 일구신다[32]

어떤 광경이 선하게 그려지지 않습니까? 시인은 산골짜 기를 터전 삼아 일평생 노동하며 살아 온 어머니를 떠올립 니다. 허리는 굽었고 눈도 약해져 자꾸 눈물이 굅니다. 마루에 걸터앉은 어머니는 하염없이 먼 산을 바라보고 계십 니다. 그 무심한 눈길이 향하는 곳은 단순한 풍경이 아닐 겁니다. 어쩌면 회한조차 없이 자기 생을 응시하고 있었 던 것인지도 모르겠습니다. 언제부터인지 어머니의 얼굴 에는 검버섯이 하나둘 나타나기 시작했습니다. 뿌리지 않 아도 날아오는 홀씨가 어머니 얼굴을 밭 삼아 뿌리내린 겁 니다. 시인은 담담하게 그 광경을 그리지만, 우리는 그 속 에 담긴 애잔한 슬픔을 느낄 수 있습니다. 행복과 불행이 라는 말로는 형용할 수 없는 생의 엄중함이 거기에 있습니다. 어머니는 주어진 자리에서 견뎌야 할 생의 몫을 잘 살아 내셨습니다.

이 어머니와 저를 견주려는 것은 아닙니다. 세대 간의 갈등이 깊어지는 이 시대지만, 조금만 마음을 열고 돌아보면 우리는 모두 한 뿌리임을 알 수 있습니다. 에서와 야곱 이야기를 잘 아시지요? 쌍둥이로 태어났지만 둘은 갈등을 거듭합니다. 꾀쟁이 야곱은 붉은 콩죽 한 그릇으로 형의 장자권을 삽니다. 눈이 어두운 아버지 이삭을 속여 에서에게 돌아갈 축복을 가로채기도 합니다. 뒤늦게 그 사실을 알아챈 에서는 아버지의 장례만 끝나면 야곱을 죽여 버리겠다고 다짐합니다. 야곱이 고향을 등질 수밖에 없었던 것은 그 때문입니다. 아시다시피 야곱은 이스라엘의 조상이 되었고 에서는 에돔의 조상이 되었습니다. 이 두 나라는 국경을 맞대고 있으면서도 늘 갈등 속에 있었습니다. 오바댜서는 이스라엘이 침략군을 맞아 고군분투할 때 에돔은 형제 국가를 돕기는커녕 침략자들과 한패가 되었다고 꾸짖습니다. 심지어는 피란길에 나선 이들을 붙잡아 노예로 팔아 버리기까지 했다고 말합니다. 불구대천의 원수란 말이 실감 납니다.

이 두 나라의 갈등은 돌이킬 수 없는 것일까요? 그렇지 않습니다. 이들이 한배에서 나온 형제라는 사실을 상기할 필요가 있습니다. 근원으로 자꾸 거슬러 올라가면 우리의 갈등이 근원적이지 않음을 알 수 있습니다. 하물며 하나님을 믿는 이들이야 말해 무엇하겠습니까? 우리가 하나님을 믿는다는 것은 일상을 살면서도 자꾸 우리 삶의 뿌리를 돌아보며 산다는 뜻일 겁니다. 하나님을 창조주로 믿는다는 고백이 자연과학적 진실을 배제하는 것은 아닙니다. 그 고백 속에 머문다는 것은 삶이 신비임을 받아들이는 것이고, 경외심을 품고 삶을 살아가는 것을 의미합니다. 신비와 경외심을 품고 사는 이들은 세상의 어떤 것도 함부로 대할 수 없습니다. 모두가 하나님의 숨결에서 나온 것이기 때문입니다. 나라와 나라, 세대와 세대, 남자와 여자, 부자와 빈자의 차이, 피부색과 종교의 차이는 근원적인 것이 아닙니다. 이런 귀향의 계절에 우리가 떠올려야 하는 것은 이러한 일치의 가능성이 아닐까요?

긴 연휴의 마지막 날이 마침 주일입니다. 매해 시월 첫 주는 전 세계 교회가 '세계 성찬 주일'로 지키는 날입니다. 그 뿌리는 미국 장로교회가 1930년대에 제안한 것이지만, 그것이 현실이 된 것은 1982년 페루의 수도 리마에서 열린 세계교회협의회 모임부터입니다. 대회 참가자들은 이념과 분쟁으로 찢긴 세상을 그리스도의 식탁 앞에 함께 앉아 치유하자는 뜻에 깊이 공감했습니다. 사실 세상 분쟁의 많은 부분이 종교 분쟁임을 생각할 때 '세계 성찬 주일'을 지킨다는 것은 매우 소중한 일이라 생각합니다.

비대면으로 예배가 진행되는 상황이기에 어떻게 할까 망설이기도 했지만, 온라인으로라도 성찬식을 거행하는 것이 적절하다는 생각이 들었습니다. 존 웨슬리가 말하는 '은혜의 수단' 가운데 매우 중요한 의식인 성찬식 없이 한 해를 보낼 수는 없다는 판단 때문이었습니다. 여러 가지 우려되는 측면이 없는 것은 아닙니다. 하지만 저는 교우들의 성숙한 믿음과 태도를 신뢰합니다. 할 수 있으면 온 가족이 성찬에 참여할 수 있으면 좋겠습니다. 가족들이 미리 이야기를 나누고 어떻게 준비하면 좋을지 의논하십시오. 성찬상을 정갈하게 마련하고 빵과 포도주 혹은 포도즙을 그 위에 올리십시오. 예배 중에는 깨끗한 천으로 덮어 놓으십시오. 의복은 될 수 있는 대로 단정하면 좋겠습니다. 성찬에 참여하기 전에 가족들이 함께 성찬의 은총을 비는 기도를 올리십시오. 참고로 신학자 카를 라너의 성만찬 기도 일부를 소개합니다.

그러므로 이 성만찬을 통해 우리의 참모습을 되찾게 하소서. 몸과 영혼이 순수하고 진실한 사람, 당신의 은혜가 참으로 존재함을 보여주는 징표가 되는 사람, 우리와 더불어 살아가는 이들과 우리가 섬겨야 하는 이들을 위해 그 은혜의 능력을 보여주는 사람이 되게 하소서. 마지막으로, 당신을 그저 숨어 계신 하나님으로 여기는 우리, 우리의 삶과 죽음 속에서 침묵하시는 하나님, 희생 제물로 드려지신 하나님으로만 바라보는 우리에게 영원한 생명의 보증이 되어 주소서. 진리의 생명, 무한한 자유의 생명, 빛의 생명, 그림자 없는 밝음의 생명, 하나님의 측량할 수 없음을 거룩하게 먹고 마시는 생명, 모든 피조물이 아버지께로, 모든 것 안에 계신 모든 것 되시는 아버지께로 넘어감을 끊임없이 '아멘'으로 받아들이는 생명, 바로 그 생명입니다.[33]

아직 어리거나 신앙의 신비를 이해하지 못하는 분들에게는 성찬의 소중함을 미리 일깨워 주는 게 좋겠습니다. 이 성찬을 통해 가족의 일치는 물론이고, 각지에 흩어져 사는 성도들이 보이지 않는 손길을 통해 하나로 연결되어 있다는 사실을 기꺼이 받아들이십시오.

이제 추석 연휴가 끝나고 상황이 좋아지면 다시 예배당에 모여 예배드릴 날이 오리라는 기대를 품습니다. 선물처럼 주어진 시월에 우리 믿음이 더욱더 깊어지면 좋겠습니다. 온 교우들이 몸 성히, 마음 성히 잘 지내시기를 좋으신 주님 앞에 기도 올립니다. 주님의 변함없는 사랑이 여러분을 감싸시기를 빕니다.

2020년 10월 3일

존재, 사라짐,
아름다움의 순환

좋은 때에는 기뻐하고, 어려운 때에는 생각하
여라. 하나님은 좋은 때도 있게 하시고, 나쁜 때
도 있게 하신다. 그러기에 사람은 제 앞일을 알
지 못한다(전 7:14).

주님의 평화를 빕니다.

이번 주에는 며칠 앞서 편지를 드리게 되었습니다. 주일 직전보다는 주중에 소식을 나누는 것이 더 좋겠다는 제안 때문입니다. 별고 없이 잘 지내시는지요? 함께 시간의 흐름을 타고 지낼 때는 몰랐는데, 이렇게 격절의 시간이 길어지니 그리움이 깊어 갑니다. 나뭇잎 사이로 비치는 가을빛이 왠지 너누룩해 보입니다. 오늘이 한로寒露네요. 찬 이슬이 내리는 때가 다가왔습니다. 그래서인지 바람이 서늘합니다. 〈농가월령가〉는 이맘때의 풍경을 이렇게 노래합니다.

제비는 돌아가고 떼기러기 언제 왔노.
벽공碧空34)에 우는 소리 찬 이슬 재촉는다.
만산滿山 풍엽楓葉35)은 연지臙脂36)를 물들이고,
울 밑에 황국화黃菊花는 추광秋光37)을 자랑한다.

아직 본격적인 단풍철은 아니지만 그래도 계절이 깊어 감을 날로 실감하고 있습니다. 며칠 전까지만 해도 공원 곳곳을 붉게 물들이던 꽃무릇이 다 시들었습니다. 꽃대 위에는 마치 사위어 버린 불꽃 같은 꽃의 잔해가 남아 허망한 열정의 시간을 돌아보는 것 같습니다. 하지만 자세히 보면 꽃대 아래도 잎들이 조금씩 피어나고 있습니다. 소박하고 조촐하게 피어나는 여뀌는 자기를 도드라지게 보일 생각이 아예 없는 것 같아 더욱 마음이 갑니다. 공원 곳곳에 서양등골나물 흰 꽃이 만발입니다. 외국에서 들어온 생태교란종이라지만 눈꽃을 이고 있는 것 같은 모습이 제법 그럴싸합니다.

식물들은 묵묵히 자기 시간을 살아갈 뿐입니다. 사람만 홀로 유정하여 쓸쓸하다느니, 허망하다느니 요란을 떨 뿐입니다. 폴란드 시인 비스와바 쉼보르스카는 "두 번은 없다. 지금도 그렇고/ 앞으로도 그럴 것이다. 그러므로 우리는/ 아무런 연습 없이 태어나서/ 아무런 훈련 없이 죽는다"고 노래합니다. 지금 우리가 누리는 시간은 그런 의미에서 유일한 시간입니다. 반복되는 하루는 단 한 번도 없기 때문입니다. 삶이 아무리 힘겹고 공허해도 살아 있다는 것은 그래서 아름답습니다. 소멸할 것임을 알기에 더욱 그러합니다.

> 힘겨운 나날들, 무엇 때문에 너는
> 쓸데없는 불안으로 두려워하는가
> 너는 존재한다―그러므로 사라질 것이다
> 너는 사라진다―그러므로 아름답다[38]

존재, 사라짐, 아름다움이 이렇게 아름답게 연결될 수 있다는 사실이 놀랍습니다. 쓸데없는 불안이 우리 영혼을 잠식하지 않도록 주의해야 합니다. 전도서 기자는 "하나님은 모든 것이 제때에 알맞게 일어나도록 만드셨다"(전 3:11)고 가르칩니다. 그래서 우리에게 주어진 모든 시간 속에서 아름다움을 발견하고 맛보는 지혜가 필요합니다. 이 멋진 가을날 우리의 시간이 그런 아름다움으로 채워지면 좋겠습니다.

지난 주일에 우리가 행한 성찬식 후일담이 곳곳에서 들려옵니다. 낯선 경험이기는 했지만, 대체로 은혜로운 시간이었다고들 말씀하시더군요. 빵과 포도주를 준비하는 과정부터 의례에 동참하는 일이 능동적으로 이루어졌기에 그랬던 것 같습니다. 어느 부부는 '빵과 포도주'를 서로에게 건네며 "이는 당신을 위해 주시는 우리 주님의 몸입니다", "이는 당신을 위해 흘리신 주님의 피입니다"라고 말할 때 가슴 깊이 뭔가가 들어온 것 같더라고 증언하시더군요. 한 공간에서 성례를 집행하지 못한 것은 아쉬웠지만, 그래도 주님은 우리 각자의 삶의 자리에서 은총으로 모두를 감싸 주셨습니다. 공간적으로는 우리가 멀리 떨어져 있었지만, 은혜의 자장 가운데서 우리는 서로 연결되어 있음을 경험할 수 있었습니다.

해마다 이 무렵이면 교회 야외 예배를 준비하느라 분주했습니다. 기차를 전세 내서 갔던 것 기억나시지요? 어린 시절 수학여행 가는 것처럼 설레었던 그 감정이 지금도 생생하게 떠오릅니다. 김유정역 앞 식당에서 때맞추어 익어 가던 닭갈비 맛도 떠오릅니다. 함께 걸으며 도란도란 나누었던 이야기의 내용은 다 잊었지만, 그 장면만큼은 머리에 오래 남아 있습니다. 참 좋았던 시절입니다. 불광동 팀 수양관도 잊을 수 없습니다. 노천극장에서 드렸던 예배의 기억도 새롭습니다. 새들도 찾아와 즐겁게 노래를 불러 주었지요. 잔디밭에서 나누던 커피 향이 그립기만 합니다.

저는 어제오늘 아름다운 원로들의 얼굴을 한 분 한 분 떠올리며 가상의 인사를 나누었습니다. 함께해 온 시간의 무게가 만만치 않았습니다. 기쁨과 슬픔의 시간을 함께 건넜다는 사실이 그렇게 고마울 수가 없었습니다. 코로나19만 아니었다면 지금쯤 하루 나들이를 기획하고 있었을 테지요. 먼 곳을 찾아갈 수는 없었지만, 버스를 타고 오가며 보는 경치며, 차 안에서 주고받는 대화가 참 아름다웠습니다. 바람에 가만히 흔들리는 코스모스와 갈대, 그리고 잔잔한 햇살이 고즈넉했습니다. 가슴 속에 담아 두었던 풍경을 떠올리는 것만으로도 행복해집니다.

대면 예배를 드리지 못한 지 꽤 오랜 시간이 흘렀습니

다. 그동안에도 우리 교회의 새 식구가 되신 분들이 많이 계십니다. 아름다운 공동체에 대한 목마름 때문일 겁니다. 아직 대면하여 사귈 수는 없더라도 그분들이 청파교회에 속한 지체임을 기쁘게 여길 수 있으면 좋겠습니다. 물론 새 교우들에게 우리 교회를 소개하고 교회 생활을 안내하는 새 교우 교육은 영상을 통해 시행하고 있습니다.

다음 주 월요일에 감리교회 감독 선거가 열립니다. 각 연회의 감독과 4년 임기의 감독회장을 선출하는 중요한 모임입니다. 들어서 아시겠지만, 감리교회는 오랫동안 감독 선거로 분열을 거듭해 왔습니다. 소송과 시비가 끊이지 않았습니다. 부끄럽지만 그게 현실입니다. 올해도 감독회장 선거를 앞두고 아주 심각한 갈등 상황에 빠져들고 있습니다. 어느 때부터인지 교회의 지도력이 심각한 위기에 처했습니다. 거룩한 영적 직무를 위임받은 이들이 세상의 추문거리로 전락하는 일도 비일비재합니다. 안타까운 일입니다. 올해는 어떤 분들에게 감독의 직임이 맡겨지든 그리스도의 신실한 종으로 살기를 바랄 뿐입니다. 모세가 과중한 업무에 시달리며 전전긍긍하는 모습을 본 장인 이드로는 신실한 사람들을 뽑아 일을 나누라고 권고하면서 그 기준을 정해 줍니다.

또 자네는 백성 가운데서 능력과 덕을 함께 갖춘 사람, 곧 하나님을 두려워하며 참되어서 거짓이 없으며 부정직한 소득을 싫어하는 사람을 뽑아서, 백성 위에 세우게(출 18:21).

능력과 덕을 함께 갖춘 사람, 하나님을 두려워하는 사람, 거짓이 없어 부정직한 소득을 싫어하는 사람이라야 사심 없이 백성의 문제를 다룰 수 있다는 것입니다. 감독의 직임은 명예로운 자리도 아니고 높은 자리도 아닙니다. 섬김의 자리입니다. 우리의 전도된 현실을 놓고 비웃고 손가락질만 할 게 아니라, 하나님 앞에 절실하게 기도를 올려야 합니다. 우리 개개인의 문제를 위해서도 열심히 기도해야 하지만, 우리가 속한 공동체와 감리교회를 위해서도 기도해 주십시오. 사무엘은 사울을 왕으로 세운 후에 재야로 물러가면서 두려워하는 백성들에게 이런 약속을 합니다.

나는 당신들이 잘 되도록 기도할 것입니다. 내가 기도하는 일을 그친다면, 그것은 내가 하나님께 죄를 짓는 것입니다. 그런 일은 없을 것입니다. 오히려 나는, 당신들이 가장 선하고 가장 바른길로 가도록 가르치겠습니다(삼상 12:23).

이 마음이 우리에게 필요합니다. 여전히 세상은 소란스럽지만 평화로운 세상을 향한 꿈은 포기할 수 없습니다. 이 아름다운 가을날, 여러분의 가정과 일터에 하나님의 사랑과 은총이 충만하게 임하시기를 빕니다.

2020년 10월 8일

할 수 있지만
하지 않는 것이 사랑

하나님께서 주시는 고마운 선물과 부르심은 철
회되지 않습니다(롬 11:29).

주님의 평안을 빕니다.

잘 지내고 계신지요? 조석 기운이 제법 시원합니다. 건강한 즐거움을 한껏 누릴 수 있으면 좋겠습니다. 생활 속 거리 두기 단계가 조정되어서 다행입니다. 안심하기에는 이르지만, 그래도 막혔던 통로가 조금은 열린 것 같아 좋습니다. 그렇지만 더욱 조심스럽게 이 시간을 살아 내야 할 것 같습니다. 지나치게 염려할 필요는 없겠지만, 기본 방역 수칙을 잘 지키면서 일상을 살아 내는 성실함이 필요한 때입니다.

아침저녁 공원을 산책하면서 색깔이 변해 가는 나무들을 바라보면 조락의 계절이 다가옴을 실감합니다. 조금은 쓸쓸한 듯하지만 그렇다고 하여 싫지만도 않습니다. 피어남과 스러짐은 생명의 자연스러운 흐름임을 알기 때문입니다. 사람은 그 변화 속에서 꼬물거리며 자기에게 부여된 시간을 살아갑니다. 저마다의 슬픔과 아픔을 짊어진 채. 그런 눈으로 바라보니 낯선 이들조차 정겨워 보입니다.

큰 나무 둥치에 몸을 기댄 채 몸을 좌우로 흔들며 몸에 자극을 주는 분들을 봅니다. 투정 부리는 아이들 모습이 연상되어 빙그레 웃게 됩니다. 엉거주춤 기마 자세를 한 채 어깨 위로 들어 올린 두 팔을 맹렬하게 앞으로 내뻗는 이들도 있습니다. 지싯지싯 다가오는 세월을 밀어내려는 것일까요? 눈을 감은 채 배를 퉁퉁 두드리는 이들도 있습니다. 제게는 그것이 떠날 생각이 없는 뱃살을 달래 어떻게든 돌려보내려는 것처럼 보입니다. 붉은 볏을 세운 맨드라미가 그런 사람들의 모습을 무심히 바라보고 있습니다. 정겨운 풍경들입니다.

생활 속 거리 두기 단계가 낮아지면서 공원 곳곳에 사람들 출입을 금지하느라 둘러쳐져 있던 끈들이 말끔히 제거되었습니다. 배드민턴 치는 이들의 활기찬 웃음소리가 아침 대기를 뒤흔들더군요. 운동 기구가 있는 곳마다 늙수그레해 보이는 분들이 모여 분주히 몸을 움직이고 있었습니다. 바로 며칠 전까지만 해도 줄이 쳐졌는데도 굳이 그 안에 들어가 운동을 하는 이들도 있었습니다. 유난히 큰 소리로 웃고 떠드는 그분들을 보면서 '죄의 사회성'에 대해 생각했습니다. 사람들은 죄책감이라는 무게를 홀로 감당하기 어려울 때 자기들의 죄에 다른 이들을 끌어들이려는 경향이 있습니다. 죄의 부담을 경감하려는 일종의 전략일 겁니다. 하와가 아담에게 선악과를 준 것도 같은 맥락일 겁니다. 청소년들이 유난히 욕을 많이 하고 위악적인 태도를 보이는 것은 또래들에게 소외되고 싶지 않아서가 아닐까요? 어른이라고 하여 다를 것 없습니다.

아우구스티누스는《고백록》에서 어린 시절에 포도밭 근

처에 서 있던 배나무에서 주인 몰래 배를 훔쳤던 기억을 떠올립니다. 그는 자기가 도둑질을 했던 까닭은 "조금이라도 어쩔 수 없는 궁색에서가 아니오라, 정의가 없고, 싫고, 불의에 배불러서"였다고 말합니다. 그는 결함 자체를 사랑했던 자기 마음을 하나님 앞에 있는 그대로 드러냅니다. "해서는 안 될 일을 다른 무엇 때문이 아닌, 다만 해서는 안 될 일인 그 때문에 한다는 것이 그토록 즐거울 수가 있었겠나이까?"[39] 생각해 보면 혼자서는 절대로 하지 않았을 그 일을 행했던 까닭은 벗들에게 따돌림당하기 싫었기 때문임을 알 수 있습니다.

가끔 갈림길에 설 때마다 바울 사도가 고린도 교인들에게 준 가르침이 떠오릅니다. 고린도 교회는 우상 앞에 바쳐졌던 제물을 먹는 문제를 두고 불필요한 논쟁에 빠져들고 있었습니다. 문제는 우상 앞에 바쳐졌던 질 좋은 고기가 시장에 나오는 예가 많았다는 데 있습니다. 신자들 가운데는 고기는 그저 고기일 뿐이라며 서슴없이 구매하여 소비하는 이들이 있는가 하면, 그걸 먹는 순간 우상과 연루된다고 생각하여 한사코 거부하던 이들이 있었습니다. 별것 아닌 것 같아도 그 문제는 교회를 뒤흔드는 매우 심각한 문제였습니다. 그런데 바울 사도의 가르침은 어찌 보면 매우 단순합니다. "그런데 우상에게 바친 고기를 먹는 일을 두고 말하면, 우리가 알기로는, 세상에 우상이란 것은 아무것도 아니고, 오직 하나님 한 분 밖에는 신이 없습니다"(고전 8:4). 그러니까 우상 앞에 바쳐졌던 고기라 하여 못 먹을 이유는 없다는 말이겠습니다. 하지만 중요한 건 그다음입니다. 선택은 각자의 몫이지만, 나의 자유로운 선택이 누군가에게 걸림돌이 되지 않도록 조심해야 한다고 말합니다. 바울의 말은 매우 단호합니다.

> 그러므로 음식이 내 형제를 걸어서 넘어지게 하는 것이라면, 그가 걸려서 넘어지지 않게 하기 위해서, 나는 평생 고기를 먹지 않겠습니다(고전 8:13).

할 수 있지만 하지 않는 것이 사랑입니다. 우상 앞에 바쳐진 고기에 대해 말하면서 바울 사도가 전제했던 말이 있습니다. "지식은 사람을 교만하게 하지만, 사랑은 덕을 세웁니다"(고전 8:1). 나의 행동이 다른 이에게 걸림돌이 되지 않도록 조심하며 사는 것이 기독교인의 윤리적 책무입니다.

공원의 금지된 공간에서 운동하던 분들 이야기를 하다가 이야기가 여기까지 흘러왔네요. 이런저런 생각을 하며 걷다가 문득 나뭇잎 사이에 떨어진 모과를 보았습니다. 채 익지 못하고 떨어져 한쪽이 이미 검게 변해 가더군요. 주

워 올까 말까 하다가 그냥 버려두었습니다. 교회 사무실에
들어오니 고진하 시인이 이번에 출간한 시집 《야생의 위
로》가 책상 위에 놓여 있었습니다. 목차에 〈모과〉라는 시
가 있어 먼저 찾아 읽었습니다.

아직 덜 익은 채 떨어진
황달 기 느껴지는 노란 연민을
책상 모서리에 올려놓고
하루 몇 번씩 킁킁 코를 대봅니다[40]

역시 시인은 시인이지요? 그는 덜 익은 채 떨어진 모과
를 가리켜 '노란 연민'이라 말합니다. '노란 연민'이라니
요? 그것은 사실 무르익지 못하고 떨어져 버린 모과를 바
라보는 시인의 시선 혹은 마음일 겁니다. 누구의 눈길도
받지 못하는 그 모과를 그는 책상 모서리에 올려놓았습니
다. '모서리'라는 시어가 바닥에 떨어진 모과의 운명을 나
타내는 것 같기도 합니다. 킁킁 냄새를 맡음으로써 시인은
모과의 존재를 되살려 내고 있습니다. 이 마음이 참 아름
답지 않습니까?

세상에는 버림받은 이들이 너무 많습니다. 차마 자기 안
의 상처를 밖으로 드러내지 못한 채 세월을 견디는 이들이

있습니다. 택배 노동자 한 분이 또 세상을 떠났습니다. "오늘은 더 늦을 거예요"라던 아들의 마지막 말이 자꾸 떠올라 아버지는 울고 또 울었습니다. 코로나19 상황은 모든 이에게 힘들지만, 특히 생계 문제를 해결하기 위해 분투해야 하는 이들에게 참 가혹합니다. 쉴 없는 노동, 소외된 노동 속에서 기쁨을 누리지 못하는 이들이 많습니다. 그런 문제들을 일거에 해결할 방안은 없지만, 그런 문제들에 대해 눈을 감지 말아야 하겠습니다. 정치인들에게 그런 문제를 해결하는 법을 제정하도록 압박을 가하는 일 또한 시민의 의무가 아닌가 싶습니다.

이제 조심스럽게 현장 예배를 준비하려고 합니다. 일단 이번 주일은 영상 예배를 기본으로 합니다만, 그래도 꼭 나오시고 싶은 분들은 사무실에 먼저 알려 주시면 좋겠습니다. "하나님께서 주시는 고마운 선물과 부르심은 철회되지 않습니다"(롬 11:29)라는 말씀을 꼭 붙들고 어려운 시절을 이겨 내십시오. 금주의 남은 시간도 주님과 동행하면서 지금 곁에 있는 이들의 마음에 따뜻한 온기와 청량한 기쁨을 안겨 주시면 더 좋겠습니다. 가슴 가득 하늘의 숨결을 받아 안고, 사랑의 여정을 계속하십시오.

2020년 10월 15일

의의 연장이 되어

그러므로 여러분은 여러분의 지체를 죄에 내맡
겨서 불의의 연장이 되게 하지 마십시오. 오히
려 여러분은 죽은 사람들 가운데서 살아난 사
람답게, 여러분을 하나님께 바치고, 여러분의
지체를 의의 연장으로 하나님께 바치십시오(롬
6:13).

주님의 은총과 평화를 기원합니다.

기쁘고 즐겁게 한 주를 지내고 계신지요? 서늘한 바람이 기분 좋게 느껴지는 나날입니다만, 뜻하지 않은 황사가 푸른 하늘을 가리고 있네요. 한동안 미세먼지 걱정을 잊은 채 지냈는데, 우리가 처한 현실의 엄중함을 다시 자각하라고 말하는 듯합니다. 가을이 깊어 가면서 시드럭부드럭 꽃들이 스러지고 있지만 개망초, 쑥부쟁이, 바늘꽃은 여전히 자기 자리를 지키고 있습니다. 장하고 예쁩니다. 말은 통하지 않으니 따뜻한 눈빛을 보내 그 명랑한 버팀을 응원합니다.

며칠 전 우리 교회 청년의 사진 전시회에 다녀왔습니다. 군에서 제대한 후에 인도의 갠지스강이 보고 싶어 문득 찾아간 바라나시에 40일간 머물며 찍은 사진과 자기 마음의 풍경을 그린 글로 구성된 전시회였습니다. 사람들은 흔히 삶과 죽음, 아름다움과 추함, 빛과 어둠을 나누는 일에 익숙하지만, 이 둘은 나눌 수 없이 연결된 하나입니다. 사진을 보면서 그의 시선에 대해 생각했습니다. 아름답고 멋진 풍경을 담는 것은 누구나 할 수 있는 일이지만, 그 풍경 속에 깃든 삶의 본질을 읽는 건 쉽지 않은 일입니다. 사진을 둘러보다가 작가에게 어느 작품이 제일 마음에 드냐고 물었습니다. 그가 가리킨 사진에는 온갖 오물이 떠밀려 오는 얕은 강물에 쪼그리고 앉아 조야한 낚싯바늘을 강에 던져둔 채 집중하고 있는 한 사내의 모습이 담겨 있었습니다. 깨끗함과 더러움의 구분이 더는 의미가 없는 광경이었습니다. 죽은 이의 재를 실은 강물을 더럽다, 불쾌하다 여기지 않고, 그 속에서 삶을 일구어 가는 광경을 통해 젊은 작가는 성스러움을 보았는지도 모르겠습니다.

어느 날 해 질 녘 버스 정류장에서 차를 기다리며 주변에 있는 식물들을 살피고 있는데, 바지 주머니에서 진동이 느껴졌습니다. 화면에는 연세가 많으신 권사님의 이름이 떠 있었습니다. 전화기 저편에서 들려오는 권사님의 음성은 맑고 또렷했습니다. "목사님, 많이 망설이다 전화를 올렸습니다. 오랫동안 찾아뵙지 못했습니다. 저는 지금 00로 삶의 터전을 옮겼습니다. 내가 죽기 전에 목사님을 다시 만날 수 있을지 모르겠네요. 괴질 때문에 만날 수 없으니 말입니다. 음성이라도 듣고 싶었어요." 피차 안부를 주고받으며 눈시울이 시큰해졌습니다. 함께 걸어온 세월의 무게가 고마움으로, 안쓰러움으로 느껴졌기 때문입니다. 쇠락의 징조가 드러날 때 사람들은 두려워하고 부끄러워합니다. 집으로 돌아와 헬렌 니어링이 엮은 《인생의 황혼에서》라는 책을 찾아 읽다가 한 문장에 오래 머물렀습니다.

남아 있는 힘이 줄어들수록 내게 그것은 더욱 소중해집니다. 나는 한쪽 귀를 잃었지만, 지금처럼 감미로운 소리를 들어본 적이 없습니다. 내 눈이 너무 나빠져서 젊은 시절 자연이 보여주었던 그 빛이 희미해지기는 했지만, 지금처럼 순수한 기쁨으로 자연을 마주한 적이 없습니다. 내 수족은 이내 지치겠지만, 무한한 창조의 섭리가 드러나는 이 활짝 열린 공간에서 내 수족을 움직일 수 있는 특권을 지금 이 순간처럼 소중하게 느껴본 적이 없습니다. 나는 매일 꼬박꼬박 먹는 이 소박한 음식을 이렇듯 맛있게 먹어본 적이 없습니다. 비록 삐걱거리고 흔들리기는 하지만, 나는 이 세상에 하나뿐인 나의 움막집에 너무나 큰 감사를 드립니다.[41]

연세 드신 분들의 마음이 이 글 그대로이기를 기도할 뿐입니다. 지금 이곳에서 누리는 생을 한껏 기뻐하며 살 수 있으면 얼마나 좋을까요? 결핍에만 마음을 둘 것이 아니라, 이미 주어진 것을 잘 누릴 줄 아는 것이 생의 지혜입니다. 그렇게 살다가 잘 익어 땅에 떨어지는 열매들처럼 우리도 그렇게 홀가분하게 인생을 마무리할 수 있으면 좋을 것 같습니다. 물론 우리는 이 세상 여정 마치는 그날이 새로운 여정의 출발임을 압니다. 무명의 시인은 땅의 길이 끝나는 순간 하늘의 길이 열린다고 노래했습니다.

지난주부터 교회당 수용 인원의 3분의 1이 모여 예배 드리는 일이 허용되었습니다. 우리 교회는 이번 주일부터 대면 예배와 영상 예배를 병행합니다. 정말 오랜만에 교우들을 만날 생각에 설렙니다. 한동안 사람들이 전혀 머물지 않았던 지하 친교실도 깨끗하게 쓸고 닦았습니다. 아직 식사를 나눌 수는 없지만, 행여 교인들이 생각보다 많이 오시면 그곳에 머물러야 하기 때문입니다. 방송실을 담당하는 교우들도 예배가 차질 없이 진행될 수 있도록 1부, 2부 예배 리허설을 했습니다. 초봄에 시작된 팬데믹 상황이 늦가을에 이른 지금까지 이어지고 있습니다. 어떻게 그 힘겨운 시간을 뚫고 여기까지 왔는지 모르겠습니다.

김광규 시인의 〈춘추春秋〉라는 시가 떠오릅니다.

창밖에서 산수유 꽃 피는 소리

한 줄 쓴 다음
들린다고 할까 말까 망설이며
병술년 봄을 보냈다

산수유 꽃 피는 소리가 들릴 리 만무하지만, 시인은 "꽃

망울을 터뜨린다"라는 표현을 연상했던 것일까요? 그렇기에 '들린다고 할까 말까' 망설였던 것입니다. 시인은 마침표 하나 쉼표 하나 허투루 쓰지 않습니다. 글 쓰는 사람이라면 누구라도 문장에 대해 고민합니다. 조사 하나를 바꾸는 순간 문장의 뉘앙스가 달라지기도 하기 때문입니다. 시인이 고심하는 모습을 가만히 지켜보던 아내는 허튼소리 말라는 눈치였습니다. 물난리가 지나가고, 열대야로 밤을 지새우던 여름이 지나고 나서야 시인은 마침내 시에 한 줄을 더 보탰습니다.

뒤뜰에서 후박나무 잎 지는 소리[42]

"창밖에서 산수유 꽃 피는 소리"라고 적고 "뒤뜰에서 후박나무 잎 지는 소리"를 적기까지 세 계절이 지나갔습니다. 시간의 흐름을 이렇게 형상화할 수 있다는 게 놀랍지 않습니까? 〈춘추〉라는 시 제목이 참 적실하게 느껴집니다.
　우리의 시간도 이렇게 흘러갔습니다. 그 사이 시간을 우리는 그리움으로 채웠습니다. 보고 싶습니다. 만나고 싶습니다. 어떻게 지냈냐고 안부를 물으며, 여기까지 우리를 인도하신 하나님께 감사의 인사를 올리고 싶습니다. 밀린 이야기를 다 나누기까지는 꽤 오랜 시간이 필요할지도 모릅니다. 그렇지만 차분하게 그 시간을 준비해야 합니다.

이번 주일은 종교 개혁 주일입니다. 사실 개혁되어야 하는 것이 '종교' 일반이라기보다는 '기독교 신앙' 전반이기에 상투적으로 쓰는 이 말이 적절하지는 않습니다. 1517년 10월 31일, 마르틴 루터가 가톨릭의 면벌부 판매를 반박하는 "95개조의 신학 논문"을 비텐베르크 성교회 문에 게시한 날을 사람들은 종교개혁기념일로 삼고 있습니다. 개혁 정신은 낡은 것, 변질된 것, 권력으로 변한 것에 대한 저항이었습니다. 예수 정신이라는 알짬이 사라진 교회와 제도는 계속해서 개혁되어야만 합니다*Ecclesia semper reformanda est*. 안타깝게도 지금의 교회는 스스로 자정 능력을 잃어버린 것 같습니다. 각 교단이 보이는 행태는 개혁 정신이 더 이상 작동하지 않고 있음을 보여 줍니다. 많은 이들이 희망이 있느냐고 묻습니다. 희망은 품는 것이지 주어지는 것이 아닙니다. 물론 희망을 품기 위해서는 먼저 위로부터 은총이 주어져야 합니다. 잘못된 현실에 대한 비판과 조롱, 냉소와 비난은 누구나 할 수 있지만, 무너지는 교회를 바로 세우는 이는 기우뚱한 벽체를 일으켜 세우기 위해 몸을 밀어 넣는 이들입니다.

어떻게 해야 할지 저도 모르겠습니다. 그러나 우리는 눈을 크게 뜨고 한 걸음씩 앞으로 나아가야 합니다. 한달음에 목표에 도달할 수는 없지만, 더디다 하여 주저앉아 있을 수만은 없습니다. 우리는 다만 우리 지체를 의의 연장으로 하나님께 바칠 뿐입니다. 잔뜩 찌푸린 날입니다. 그러나 저 구름 너머에 푸른 하늘이 있습니다. 우리 마음도 가끔은 어둠에 잠기지만 본래는 청정하다는 사실을 잊지 말아야 하겠습니다. 하루하루 건강하게 지내십시오. 주위에 명랑의 기운을 불어넣으십시오. 주님의 손과 발이 되는 기쁨을 한껏 누리십시오. 평안을 빕니다.

2020년 10월 22일

쓰라림을 빛나는 보석으로

한 지체가 고통을 당하면, 모든 지체가 함께 고통을 당합니다. 한 지체가 영광을 받으면, 모든 지체가 함께 기뻐합니다. 여러분은 그리스도의 몸이요, 따로 따로는 지체들입니다(고전 12:26-27).

평강의 주님이 우리 가운데 늘 함께하시기를 빕니다.

별고 없으셨는지요? 시간 여행자인 인간은 언제나 앎과 모름 사이, 빛과 어둠 사이, 기쁨과 슬픔 사이, 확신과 회의 사이에 걸린 외줄을 타고 삽니다. 어지간히 익숙해지긴 했어도 균형을 잡고 살기란 여간 어려운 일이 아닙니다. 그 가운데서도 맑고 선선한 웃음을 지으며 살 수 있어야 하겠습니다. 초미세먼지가 '나쁨' 단계에 이르렀다는 뉴스 보도를 보았습니다. 대기의 정체停滯 때문이라지만, 결국 그 먼지를 만든 것은 우리들이기에 더욱 경각심을 가져야 할 것 같습니다.

지난주 정말 오랜만에 교회 문이 다시 열렸습니다. 비록 마스크 너머로 보아야 했지만 정겨운 얼굴들을 대할 수 있다는 게 얼마나 좋았던지 모릅니다. 마치 이산가족이 상봉하는 것 같은 느낌도 들었습니다. 근 8개월 만에 처음으로 교회에 온 교인도 가슴이 벅찬지 눈시울을 붉혔습니다. 손을 마주 잡을 수도 얼싸안을 수도 없었지만, 눈빛만으로도 많은 이야기를 나눌 수 있었습니다. 확진자가 줄어들지 않는 상황에서 많이 못 오실지 모르겠다고 생각했지만, 거의 교회 수용 인원을 다 채울 만큼 오셨습니다.

황지우의 시 〈너를 기다리는 동안〉이 떠올랐습니다. "네가 오기로 한 그 자리에/ 내가 미리 가 너를 기다리는 동안/ 다가오는 모든 발자국은/ 내 가슴에 쿵쿵거린다." 가슴 절절한 그리움으로 누군가를 기다려 본 사람이라면 이 말에 크게 고개를 끄덕일 것입니다. 그러나 기다림의 시간은 지연된 시간입니다. 늦어지는 도착 때문에 우리 온몸은 귀로 변합니다. 긴 설렘의 시간 끝에 시인은 마침내 "내 가슴에 쿵쿵거리는 모든 발자국 따라/ 너를 기다리는 동안 나는 너에게 가고 있다"고 노래합니다.[43] 기다림은 '너에게로 감'입니다. 긴 격절의 세월이 우리 그리움을 깊게 만들었습니다.

예배 시간에 쌍둥이 아기를 환영하는 시간을 가졌습니다. 아기를 품에 안을 수는 없었지만, 그래도 엄마 아빠 품에 안긴 아기를 위해 함께 기도하고 축복하는 시간이 참 좋았습니다. 어려움 속에서도 생명은 태어나고 자라고 있다는 사실이 얼마나 고마운 일인지요. 어떤 분은 그 광경을 보고 뭔가 새로운 일이 시작되는 것 같은 느낌이 들었다며 그 감격을 전해 왔습니다. 문득 이사야가 전해 주던 아름다운 비전이 떠올랐습니다. 이사야는 앗시리아의 침공으로 절망의 늪에 빠져들던 백성들에게 한 아기의 탄생을 예고합니다. 그 아기야말로 하나님의 함께하심의 징표라는 것이었습니다. "어둠 속에서 헤매던 백성이 큰 빛을 보았고, 죽음의 그림자가 드리운 땅에 사는 사람들에게 빛이 비쳤다"(사 9:2). 이런 희망을 품고 어둠에서 벗어나야 합니다.

비대면 예배가 일상이 되면서 가장 마음이 많이 쓰이는 분들이 원로들이었습니다. 디지털 기기에 익숙하신 분들도 계셨지만 그렇지 못한 분들도 계셨기에 더욱 그러했습니다. 교회 생활이 삶의 중요한 부분을 차지했는데, 비록 감염병 때문이라지만 교회 출입이 금지되었으니 얼마나 힘드셨겠습니까? 마치 친교의 자리에서 멀어진 것 같은 소외감을 느끼셨을지도 모르겠습니다. 삽상한 바람이 부는 늦가을이면 함께 나들이했던 기억이 떠오릅니다. 먼데 가지는 못했지만, 함께한다는 사실만으로도 많이 기뻐하셨습니다. 올해는 그럴 수 없어서 고심 끝에 작은 선물을 보내 드렸습니다. 스산한 계절, 몸과 마음 두루 덥히시라고 어묵을 선택했습니다. 좋은 선택이었는지 모르겠습니다.

이번 주일은 우리 교회가 추수 감사 주일로 지키는 날입니다. 지난 주일 광고 시간에 한 해를 돌아보며 감사할 일이 무엇인지 돌아보라는 숙제를 내 드렸습니다. 사실 감사는 뜻밖의 선물이나 도움을 받았을 때 우리 속에서 자발적으로 일어나는 고마움의 감정입니다. 그러나 우리가 감사를 강조하는 것은 돌이켜 생각해 보지 않으면 우리 삶에 주어지는 것들을 당연하게 받아들이게 되기 때문입니다.

감사는 내게 주어지는 어떤 것도 당연하게 여기지 않는 마음입니다. 바울 사도는 "나는 하나님의 은혜로 오늘의 내가 되었습니다. 나에게 베풀어주신 하나님의 은혜는 헛되지 않았습니다"(고전 15:10)라고 고백했습니다. 감사하는 사람이라야 은혜를 헛되이 하지 않습니다. 자기 삶이 '사랑의 빚'임을 아는 사람은 질투, 분노, 혐오에 빠지지 않습니다. 감사는 우리 영혼의 굳어짐을 막아 주는 백신인지도 모르겠습니다.

나뭇잎이 노란색, 붉은색으로 물들어 가고 있습니다. 급한 녀석들은 줄기에서 분리되어 바람을 타고 이리저리 굴러다닙니다. 김현승 시인은 유난히 가을을 좋아했던 것 같습니다. 가을을 노래한 시가 아주 많습니다. 그 가운데 〈나무〉라는 시는 이렇게 시작됩니다. "하느님이 지으신 자연가운데/ 우리 사람에게 가장 가까운 것은/ 나무이다." 시인은 나무 모양이 사람을 닮았다고 말합니다. 참나무는 튼튼한 어른들 같고, 앵두나무와 그 빨간 뺨은 소년들을 닮았다는 것입니다. 우리가 저물녘에 긴 그림자를 드리우면 나무도 옆에서 그림자를 드리우고, 우리가 멀고 팍팍한 길을 걸을 때면 말없이 그 먼 길을 따라오기도 합니다. 우리가 그러하듯 나무도 머리를 푸른 하늘에 두고 있습니다. 이 시의 마지막 연은 매우 종교적입니다.

가을이 되어 내가 팔을 벌려

나의 지난날을 기도로 뉘우치면,

나무들도 저들의 빈손과 팔을 벌려

치운 바람만 찬 서리를 받는다, 받는다.[44]

시인은 기도하는 나무, 참회하는 나무를 보고 있습니다. 참회의 자세는 찬 바람, 찬 서리를 받아들이는 것입니다. 가만 보면 늦가을 나무는 잎에 가려 보이지 않던 상처를 고스란히 드러내 보입니다. 돌에 맞아 난 상처, 벌레들의 공격을 받았던 흔적, 찢기고 잘린 자리에 생긴 옹이…. 그 자국들은 나무가 견뎌야 했던 아픔의 시간을 보여 줍니다. 그 아픔과 상처를 안으로 감싸 안으며 나무는 성장을 거듭 했던 것입니다.

우리는 한사코 우리의 몸과 마음에 난 상처를 숨기려 합니다. 부끄럽기도 하고 두렵기도 하기 때문입니다. 경쟁 사회에서 취약함을 드러낸다는 것은 매우 위험한 일이라는 생각이 우리를 확고히 사로잡고 있습니다. 취약함이 자랑일 수는 없지만 부끄러워 숨겨야 할 것 또한 아닙니다. 나의 연약함을 누군가에게 드러낼 때, 다른 이들도 자기 안의 상처를 드러낼 용기를 냅니다. 예수님은 인간을 구원하기 위해 취약함을 받아들이셨습니다. 인간이 속절없이 떠밀리고 있는 인고와 슬픔의 강 속에 뛰어드셨습니다. 그래서 울기도 하고, 화를 내기도 하고, 배신도 당하고, 고향에서 쫓겨나기도 하고, 거절당하는 쓰라림을 맛보기도 했습니다. 그러나 주님은 그 아픔과 쓰라림을 빛나는 보석으로 바꾸셨습니다. 히브리서 기자는 그 신비를 이렇게 요약합니다. "그는 몸소 시험을 받아서 고난을 당하셨으므로, 시험을 받는 사람들을 도우실 수 있습니다"(히 2:18). 놀라운 은총입니다.

코로나19는 우리 사회의 가려진 부분을 드러내고 있습니다. 나무에 새겨진 옹이와 상처 같은 이들 말입니다. 안정적인 직업을 갖지 못한 분들, 가혹한 노동·조건 속에서 살아가는 분들, 자꾸만 절망의 벼랑 끝으로 내몰리는 이들이 많습니다. 우리가 어떻게 하면 그분들의 설 땅이 될 수 있는지 고심해야 하겠습니다. 문제를 일거에 해결할 방법도 능력도 없지만, 우리가 함께 지향을 분명히 하고 연대한다면 적어도 절망에 휩쓸리지는 않을 겁니다. 그런 이들을 위해 늘 기도해 주시면 좋겠습니다. 우리의 기도가 공적인 문제를 향할 때 삶을 얽어맨 비애감은 줄어들고, 삶의 의욕이 커질 겁니다.

아직 주일까지 며칠 남았습니다. 꼭 걸어온 시간을 반추하면서 우리 삶이 사랑의 빚임을 다시 한 번 확인하면 좋

겠습니다. 할 수 있다면 우리의 등불이 되어 주었던 이들
에게 작은 감사의 마음이라도 표하면 좋겠습니다. 주님 안
에서 늘 강건하시기를 빕니다.

2020년 10월 29일

세속의 성자들

어떤 곳에 이르렀을 때에, 해가 저물었으므로, 거기에서 하룻밤을 지내게 되었다. 그는 돌 하나를 주워서 베개로 삼고, 거기에 누워서 자다가, 꿈을 꾸었다. 그가 보니, 땅에 층계가 있고, 그 꼭대기가 하늘에 닿아 있고, 하나님의 천사들이 그 층계를 오르락내리락 하고 있었다(창 28:11-12).

주님의 평화가 모든 이들에게 임하시기를 빕니다.

별고없이 잘 지내시는지 궁금합니다. 저는 지난 두 주 동안 교우들께서 보내 주시는 메시지를 보며 깊이 감동했습니다. 감염병으로 많은 어려움과 불편함이 있었지만, 그런 가운데서도 자기 삶을 알차게 가꾸기 위해 애쓰신 교우들께 깊이 감사드립니다. 하나님의 마음과 접속을 유지했기에 어려움을 이길 수 있었다는 고백은 우리 가운데 신앙이 어떻게 작동하고 있는지를 보여 주는 증거였습니다.

저는 일본인 오시다 시게또를 통해 '먼 빛의 눈길'이라는 표현과 만났습니다. 그는 "신앙은 우리 일상을 거리를 두고 바라볼 수 있게 해 준다"고 말합니다. 지금 우리가 직면한 일을 이해득실이라는 관점에서 바라보면 속상하기도 하고, 속이 타기도 합니다. 그러나 조금 떨어져서 바라보면, 우리 인생의 수많은 계기 가운데 하나에 불과함을 알 수 있습니다. 하나님의 눈으로 세상을 바라보는 훈련을 하다 보면 일상의 자잘한 일 때문에 감정이 격동하는 일이 줄어듭니다. 성공했다 하여 날뛰지 않고 실패했다 하여 세상이 무너진 듯 좌절하지도 않습니다. 그저 그것을 우리 삶의 일부분으로 받아들일 뿐입니다.

가을을 가리켜 안으로 거두어들이는 계절이라 합니다. 바깥으로 향했던 우리 눈을 거둬들여 내면을 살펴야 할 때입니다. 우리는 스스로 자신을 지키기 위해 거짓 자아를 만들어 사람들 앞에 내보이곤 합니다. 신앙인이라 하여 다르지 않습니다. 우리는 거짓 자아를 숨기기 위해 다양한 활동에 뛰어들기도 합니다. 예배, 성경 공부, 기도 모임, 친교 모임, 수양회 등에 참석하는 것으로 내가 꽤 괜찮은 신자라는 자부심을 품을 때도 있습니다. 마치 가인이 자기를 위한 도시를 만들고는 그것이 하나님의 도성인 것처럼 생각하는 것이나 마찬가지입니다. 거짓 자아는 끊임없이 자기 확장을 꾀합니다. 자기를 선의 범주에 넣고 자기와 다른 사람들을 악마화하거나 무시합니다. 종교적 열심이 오히려 사람들을 상식적인 삶에서 멀어지게 하는 경우가 많은 것은 그 때문입니다. 마르틴 부버가 들려주는 이야기가 참 적실하게 느껴지는 요즘입니다.

어떤 사람이 랍비 모쉐 라이브에게 물었다. "당신은 십이 년 동안이나 당신의 스승과 함께 생활했습니다. 그에게서 배운 것이 무엇입니까? 무엇을 얻었습니까? 십이 년은 긴 세월입니다. 그에게서 경전들의 어떤 의미를 배웠습니까?" 랍비 라이브는 대답했다. "아니다. 나는 토라(유대교의 경전)를 배우기 위해 스승과 함께 생활했던 것이 아니다. 나는 스승을 관찰하기 위해 그곳에 있었다. 그가 어떻게 신발 끈을 풀고, 어떻게 그것을 다시 매는가를 지켜보기 위해 그곳에 있었다. 그의 단순한 움직임들을 지켜보는 데에 십이 년이 걸렸던 것이다. 그가 숨 쉬는 방식, 그가 서 있는 방식, 그가 잠자는 방식…. 이 모든 것이 하나의 명상이었다. 그 모든 것이 하나의 신비였기 때문에 나에게는 그토록 오랜 세월이 걸렸던 것이다. 처음에는 내 자신의 생각이 장애물이었다. 그래서 나는 내가 알고 있는 모든 것을 내 머리 속에서 비워내기 시작했다. 그러자 서서히 구름이 걷히고 나는 나의 스승을 볼 수가 있었다."[45]

일상을 거룩하게 사는 삶이야말로 하나님나라를 갈망하는 이의 삶이라 하겠습니다. 참 스승은 가르치는 이가 아니라 드러내는 사람입니다. 밥을 먹고, 길을 걷고, 사람들을 맞이하고, 대화하고, 음식을 먹는 모습을 통해서도 거룩한 삶을 드러낼 수 있습니다. 그 삶의 특징은 삼감과 존중 그리고 경외심일 것입니다. 거친 말과 눈빛이 횡행하는 세상에 살다 보니 그렇게 조심스럽게 살면서 하늘을 드러내는 이들을 만나면 행복합니다.

《월간 전라도 닷컴》이라는 잡지는 제가 제일 재미있게 읽는 책 가운데 하나입니다. 잊혀 가는 시골 마을의 삶과 이야기를 기록하고 보존하는 것을 자기 소명으로 삼고 있는 것 같습니다. 우리 삶의 일부분이었으나 이제는 역사의 뒤안길로 사라져 가는 생활용품이나 풍경들을 바라보는 것만으로 힐링이 되는 것 같습니다. 지난 10월호 기획 특집 주제는 '고향 편지'였습니다. 흙과 더불어 살아온 노인들의 모습은 참 아름답습니다. 손은 주름투성이고 얼굴도 주름으로 가득 차 있지만, 그 맑은 미소에는 욕심 없이 살아온 이들의 편안함이 깃들어 있습니다.

담양에 사시는 아흔 살 할머니에게 기자가 카메라를 들이대자 할머니는 손사래를 치며 찍지 말라 하십니다. 늙어 주름진 모습을 보이기 싫으셨던 것일까요? 그러면서도 아주 싫지는 않으신 듯 활짝 웃고 계십니다. 기자가 담장 위에 있는 고양이 사진을 찍으려 하자 "나비야, 너 사진 찍는단다"라며 반기십니다. 그러면서 말씀하십니다. "식구가 없응께 나비가 식구맹키여. 이상 의지가 디야. 영리해. 말하문 이상 알아들어. 안 시캐서 글제, 머이든 갈치고 연습(연습)을 시키문 잘할 것이구만, 하하." 할머니가 나비를 좋아하는 것은 당신을 보고 '알은 척'하기 때문입니다. "나비 소리가 테레비 떠드는 소리보다 좋제. 나는 우리 나비 보고 마당에 꽃 보고 살아. 꽃도 나비도 애기 키우대끼 키우고 보제. 사람은 자기 공력 들이고 쳐다보고 살 것이 있어야 써. 다 정성이여. 건성으로 되는 것은 이 시상에 없제."[46]

온 세상을 변화시키는 경세가는 아닐지라도 이런 마음을 품고 산다면 세속 성자라 할 수 있지 않겠습니까? 세속 성자란 우리의 비근한 일상 속에서 거룩한 세계를 드러내는 사람입니다. 사실, 그런 분들은 자기들이 그런 줄도 모르는 경우가 대부분입니다. '꽃도 나비도 애기 키우대끼 키우'는 사람, 생명 돌봄을 자기 소명으로 여기는 사람을 만나면 우리 영혼은 저절로 맑아집니다.

야곱이 꿈에 본 층계 이야기는 언제나 우리 가슴을 설레게 합니다. 형 에서의 분노를 피해 달아나다가 광야에서 밤을 맞은 야곱은 얼마나 두려웠을까요? 그가 베고 잤다는 돌베개가 그의 신산스러운 처지를 오롯이 드러냅니다. 그는 매우 취약한 상태였습니다. 든든한 울타리였던 가족과 멀어졌고, 설상가상으로 낯선 곳에서 맞이한 밤은 또한 들짐승들의 시간이었습니다. 잠을 청해 보지만, 비몽사몽이었을 것입니다. 그러다가 꼭대기가 하늘에 닿은 층계를 보았습니다. 하나님의 천사들이 그 층계를 오르락내리락하고 있었습니다. 꿈에서 깨어난 야곱은 그곳을 '하나님의 집'이라는 뜻의 '베델'이라 일컫습니다. 성경의 베델은 특정한 장소의 이름이지만, 우리 삶의 베델은 도처에 있습니다. 우리가 머무는 삶의 자리가 다 베델입니다. 평소에는 잘 드러나지 않습니다. 위기를 만나 취약해질 때 우리가 선 자리가 곧 하나님이 계신 자리임을 알게 됩니다. 일상을 거룩하게 살아야 한다고 누누이 말하는 까닭이 거기에 있습니다. 우리가 사는 땅은 하나님이 머무시는 땅입니다(민 35:34).

며칠 전 어느 개신교 신자가 사찰에 불을 지르며 "할렐루야"를 외쳤다는 보도를 보았습니다. 광신자들의 행태가 그리스도의 몸으로서의 교회를 허물고 있습니다. 타자를 악마화하는 일체의 종교적 신념은 위험합니다. 그것은 예수 정신과 무관합니다. 믿음은 시민적 덕성과 유리될 수도 없고 유리되어서도 안 됩니다. 종교적 열심이 지식과 덕성과 결합하지 않을 때 폭력으로 귀착되기 쉽습니다.

지금이야말로 취약한 상황에 내몰린 이들 곁에 다가서야 할 때입니다. 개그우먼 한 분이 세상을 등졌다고 하지요? 참 가슴이 아픕니다. 절망의 벼랑 끝에서 벗어나려고 발버둥 치다가 마침내 희망의 끈을 놓아 버린 그 마음이 얼마나 가엾은지요. 우리 주변에 그런 분들이 없나 잘 살펴야겠습니다. 에너지 빈곤층에게는 다가오는 겨울이 공포스러울 수 있습니다. 올해는 유난히 후원자들의 발길이 뜸하다고 하네요. 마종기 시인의 시가 떠오릅니다.

하느님, 추위하며 살게 하소서
이불이 얇은 자의 시린 마음을
잊지 않게 하시고
돌아갈 수 있는 몇 평의 방을
고마워하게 하소서[47]

'이불이 얇은 자의 시린 마음'이라는 표현이 늘 제 마음에 걸려 있습니다. 다음 주 토요일에 2남선교회를 중심으로 연탄 배달 봉사를 계획하고 있습니다. 참 고맙습니다. 작은 실천이지만 귀한 일입니다. 스산한 날씨에 지치지 마시고, 늘 감사해야 할 일들을 기억해 낼 수 있으면 좋겠습니다. 주님의 평안을 빕니다.

2020년 11월 5일

세 겹 줄처럼
든든하게

혼자 싸우면 지지만, 둘이 힘을 합하면 적에게
맞설 수 있다. 세 겹 줄은 쉽게 끊어지지 않는
다(전 4:12).

주님의 평화를 빕니다.

가을의 막바지인 지금 형형색색의 단풍이 참 아름답습니다. 아침에 집을 나서다가 다양한 색이 어울려 꽃보다 화려한 자태를 자랑하는 나무들을 바라보며 저절로 "야, 좋다"라는 감탄이 터져 나왔습니다. 어쩌다 보니 올해는 가을 산에 오르지 못했습니다. 그래서 붉나무를 보지 못한 것이 참 아쉽습니다. 도봉산 오르는 길에 만나곤 했던 나무들도 떠오릅니다. 계절을 낭비한 것 같아 속이 상합니다.

돌아가신 목사님께서 웃으며 하신 말씀이 가끔 떠오릅니다. 우리가 하나님 앞에 가면 하나님이 이렇게 물으실 거랍니다. "그대는 어디에서 왔소?" "예, 저는 한국에서 살다 왔습니다." "어떤 일을 했소?" "목회자로 살았습니다." "그러면 설악산 단풍을 보았소?" "아니요, 너무 바빠서 보지 못했습니다." 그러면 하나님은 "그걸 보라고 그대를 거기로 보낸 건데, 보지 않았다니 실망이오"라고 책망하실 거라는 것이었습니다. 농담처럼 하신 말씀이지만 그 말 속에는 생태신학의 멋이 깃들어 있습니다. 아름다운 것을 보고 찬탄하고 기뻐하는 것이야말로 하나님에 대한 찬미가 아니겠습니까?

1930년에 제정된 감리교회 교리적 선언 제1조는 "우리는 만물의 창조자시요 섭리자시며 온 인류의 아버지시요 모든 선과 미와 애와 진의 근원이 되시는 오직 하나이신 하나님을 믿으며"라는 고백입니다. 여기서 하나님을 칭하는 서술어 하나가 눈에 띕니다. 하나님을 '미', 즉 아름다움의 근원이라 고백하는 부분입니다. 저는 이 말을 세상의 모든 아름다움은 우리를 하나님께 인도하는 길이 될 수 있다고 받아들입니다. 그러니까 아름다움을 빚는 이들은 구도자라 할 수 있습니다.

요즘 저의 재미 가운데 하나는 딱딱한 감이 홍시로 변하기를 기다리는 일입니다. 딱딱하던 조직이 풀어지면서 떫은 기가 가시고 단맛으로 변하는 과정을 화학적으로 설명할 능력은 없지만, 그 결과를 누릴 때마다 왠지 모를 행복감이 몰려옵니다. 어린 시절 채 익지 못하고 땅에 떨어진 퍼런 감을 소금물에 담가 두거나 쌀독에 묻어 두었다가 먹던 생각도 납니다. 그 기다림의 시간이 참 달콤했습니다. 소소하지만 이런 행복한 기억을 되살리며 일상 속에서 행복을 찾는 지혜를 발휘할 수 있으면 좋겠습니다.

지난주 설교를 기억하시는지요? 어떤 분들은 말씀을 반추하며 지내기도 하시지만, 대개는 분주한 일상 속에서 무심하게 지내는 경우가 더 많은 것 같습니다. 설교 거의 마지막 부분에서 저는 "세 겹 줄은 쉽게 끊어지지 않는다"라는 전도서의 말씀을 인용했습니다. 서둘러 마무리하느라 그 말 속에 담긴 뜻을 푸는 데 소홀했다는 생각이 들었습니다. 그래서 주중에 디트리히 본회퍼 목사의 책을 꺼내 읽었습니다. 그 가운데서 만난 한 대목입니다.

> 그리스도인 공동체에서 중요한 것은 모든 개인이 하나의 사슬을 잇는 데 반드시 필요한 지체들이라는 사실이다. 가장 작은 지체라도 꼭 맞물려지면 사슬이 끊어지지 않는 법이다.[48]

공동체를 구성하는 이들 한 사람 한 사람이 없어서는 안 될 사람이라는 말입니다. 그들을 이어 주는 것은 하나님의 은혜를 경험한 이들의 상호 신뢰입니다. 내가 소중한 사람으로 받아들여지고 있다는 사실을 확신할 수 있을 때 우리 몸과 마음의 긴장이 풀어지고 창조적 삶이 시작됩니다. 어떤 사람이 우리가 하는 말과 행동을 자기 기준에 따라 판단하고 비판하고 교정하려 할 때 우리도 방어 태세를 갖추게 마련입니다. 율법주의의 문제가 바로 그런 데 있습니다. 율법주의자들은 생명을 낳지 못합니다. 온기가 없기 때문입니다. 상대의 아픔과 슬픔과 연약함을 헤아리려는 섬세한 마음이 없기 때문입니다.

디트리히 본회퍼 목사는 삶 속에서 하나님의 자비의 은

충을 경험한 사람들은 다른 이들을 섬기려 한다고 말합니다. 물론, 섬김은 마음에서 우러나와야 하는 것이지만 배워야 하는 것이기도 합니다. 본회퍼는 "섬기는 것을 배우려는 사람은 먼저 자신을 낮게 평가하는 법부터 배워야 한다"[49]고 말합니다. 이웃과의 만남을 통해 자신의 뜻이 꺾이는 경험을 한 사람이라야 진실로 섬길 수 있다는 것입니다. 섬김은 빚지고 있음을 자각할 때 시작됩니다. 그가 말하는 섬김 몇 가지를 꼽아 보겠습니다.

다른 사람의 말을 들어주는 것이 섬김의 첫 단계입니다. "하나님에 대한 사랑이 그분의 말씀을 듣는 데서부터 시작되듯이, 형제에 대한 사랑도 형제의 말에 귀를 기울여 주는 것을 배우는 데서부터 시작된다"[50]는 것입니다. 적극적 경청은 치유의 시작인 동시에 평화의 시작입니다.

섬김의 둘째 단계는 "기꺼이 다른 사람을 돕는 것"[51]입니다. 그것이 설사 사소한 일이라 해도 무시하면 안 됩니다. 마음은 있지만 몸이 굼뜰 때가 있습니다. 그렇기에 의도적인 훈련이 필요합니다. 섬겨야 할 때 손을 아끼지 않을 수 있어야 합니다. 누군가를 돕는 일은 번거로울 수 있지만, 그 일에 동참할 때 우리 속의 무기력과 무의미도 스러집니다. 성도들 간에 도움을 주고받는 일은 그래서 소중합니다.

섬김의 셋째 단계는 다른 사람의 짐을 짊어지는 것입니다. "여러분은 서로 남의 짐을 져 주십시오. 그렇게 하면 여러분이 그리스도의 법을 성취하실 것입니다"(갈 6:2). 남의 짐을 진다는 것은 그를 형제자매로 받아들인다는 뜻입니다. 우리가 다른 사람의 짐을 나눠서 질 때 비로소 사랑의 친교가 시작됩니다. 그러나 할 수 있으면 다른 이들에게 짐이 되지 않도록 노력해야 합니다. 사랑의 친교를 빙자하여 무작정 자기 짐을 남에게 전가하려는 이들은 친교의 걸림돌이 될 때가 많습니다. 이런 섬김이 우리 가운데 자리 잡을 때 교회는 든든하게 서고, 연대의 끈은 더욱 굳건해질 것입니다.

여전히 코로나19가 잡히지 않고 있습니다. 모처럼 열린 교회 문이 다시 닫히는 일이 없기를 소망하고 기도할 뿐입니다. 몸에 조금이라도 이상이 느껴지는 분들은 가정에서 영상 예배로 동참하시면 좋겠습니다. 우리가 '언제 어디서나 그리스도인'이어야 하는 까닭은 우리가 선 자리가 바로 하나님이 계신 자리이기 때문입니다. 수요일부터 '웨슬리 설교 읽기'를 대면으로 재개했습니다. 눈앞에 이야기를 경청하는 분들이 계시고, 칠판이 있으니 한결 마음이 수월했습니다. 작으나마 이런 상황이 지속되면서 속히 이전의 일상으로 돌아갈 수 있으면 좋겠습니다. 기온이 고르지 않습니다. 환절기에 컨디션 유지하기가 여간 어렵지 않습니다. 저도 생각날 때마다 따뜻한 물을 마시고, 가급적이면 무리하지 않으려고 애쓰고 있습니다. 모든 교우가 계절에 맞는 은총을 한껏 누리실 수 있으면 좋겠습니다. 변함없는 주님의 사랑이 우리 가운데 임하시기를 빕니다.

2020년 11월 12일

함께 살며 엮어 가는
이야기

주님의 길은 바다에도 있고, 주님의 길은 큰 바
다에도 있지만, 아무도 주님의 발자취를 헤아
릴 수 없습니다(시 77:19).

주님의 은총과 평화가 교우 여러분 가정에 임하시기를 빕니다.

결국, 우려했던 일이 벌어지고 말았습니다. 코로나19 확진자가 늘어나면서 방역 단계가 1.5단계로 올라갔습니다. 교회는 좌석 수의 30퍼센트의 교인만 모여 예배를 드릴 수 있습니다. 좌석 수보다 많은 교인이 참석하면 어떻게 해야 하나 걱정이 앞섭니다. 익숙해지지 않는 현실이지만, 그렇다고 하여 무시할 수도 없는 현실입니다. 적응하며 지낼 수밖에 없습니다. "믿음을 지키는 성도들에게는 인내가 필요하다"(계 14:12)는 말씀을 날마다 곱씹고 있습니다. 화낼 일도 아니고, 한숨을 내쉴 일도 아닙니다. 현실을 현실로 인정하면서 우리 마음을 다잡아야 할 때입니다. 늘 대하던 얼굴을 대할 수 없는 아쉬움은 크지만, 저기 어딘가에서 우리 교우들이 온몸으로 어둠과 맞서고 있음을 생각하며 힘을 내야 합니다.

지난 주중에는 모처럼 강화도에 다녀왔습니다. 바깥출입이 어려워 오랫동안 교회에 오실 수 없었던 원로 장로님을 찾아갔습니다. 김포를 거쳐 초지대교를 건너서 목적지를 향하면서도 마음이 상쾌하지 않았던 것은 자욱한 미세먼지 때문일 겁니다. 바깥 풍경이 사뭇 을씨년스러웠습니다. 그러나 건너편으로 석모도가 보이는 지점에 이르렀을 때 어디선가 깔깔거리는 웃음소리가 들리는 듯했습니다. 꽤 오래전입니다만, 교회 봉사자들과 함께 석모도를 찾아갔던 기억이 떠올랐던 것입니다. 모처럼의 나들이에 신이 난 교우들이 별것 아닌 이야기에도 웃음꽃을 터뜨리던 그 날이 그리움으로 다가왔습니다. 새우젓도 사고, 간장게장도 사고, 속 노란 고구마도 사며 흥청거리던 시간이 떠오르면서 저도 모르게 입꼬리가 올라갔습니다. 결국, 함께 지나온 삶의 이야기가 인생이라는 생각이 들었습니다. 비교적 최근에 우리 교인이 된 형제자매들과도 그렇게 허물없이 어울리며 생의 한순간을 즐기고, 하나님의 은총을 누릴 수 있는 날이 속히 오기를 기도했습니다. 우리가 함께 엮어 갈 삶의 이야기가 하나님의 구원 이야기의 일부가 될 수 있다면 얼마나 좋을까요.

계단을 올라 집 현관 앞에 이르자 휠체어에 앉아 계신 장로님의 모습이 보였습니다. 반가운 마음에 다가가 손을 잡은 우리를 장로님은 소리 없는 울음으로 반겨 주셨습니다. 아이처럼 우시는 그 모습에 저도 모르게 가슴이 뭉클해졌습니다. 우리가 서로에게 얼마나 소중한 존재인지 확인할 수 있었기 때문일 겁니다. 잠시 지나온 시간을 돌아보며 이야기를 나누다가 찬송가를 함께 부르고, 시편 77편을 읽었습니다. 히브리의 시인은 고난의 시간을 회상합니다. 삶이 고달파서 하나님께 부르짖었지만, 하나님은 매정하게도 그 기도를 들으실 생각이 없는 것 같았다는 것입니다. 참담한 경험입니다.

> 주님께서 나를 영원히 버리시는 것일까? 다시는, 은혜를 베풀지 않으시는 것일까? 한결같은 그분의 사랑도 이제는 끊기는 것일까? 그분의 약속도 이제는 영원히 끝나 버린 것일까? 하나님께서 은혜를 베푸시는 일을 잊으신 것일까? 그의 노여움이 그의 긍휼을 거두어들이신 것일까?(시 77:7-9)

어쩌면 우리 가운데 이런 상황에 부닥친 분이 계실지도 모르겠습니다. 하나님의 일식日蝕 체험은 우리 쪽에서 보자면 '어두운 밤'의 경험입니다. 영혼의 어두운 밤이 다가오면 확실하던 것은 불확실하게 변하고, 맛있었던 것은 맛없는 것으로 변합니다. 속만 바짝바짝 타들어 갑니다. 그러나 이때 시인은 자기를 사로잡은 우울감에서 벗어날 처방을 스스로 내립니다. 그것은 주님이 해 주신 일을 하나하나 되뇌고, 깊이깊이 되새기는 것이었습니다. 그 마음자리에 이르기까지 끝도 없이 우리를 괴롭히는 분심에 시달려야 했겠지만, 시인은 그 마음을 다잡아 하나님께 가져간 것입니다. 되뇌고 되새기는 동안 들끓던 마음이 차분해지며 마침내 빛이 그의 내면의 뜨락에 내려앉았습니다. 마침내 시인은 "하나님, 주님의 길은 거룩합니다. 하나님만큼 위대하신 신이 누구입니까?"(시 77:13)라고 고백합니다. 고백이지만 사실은 찬양입니다. 장로님은 그 말씀을 들으며 또 우셨습니다. 그 울음 속에 담긴 염원과 진실함을 저는 느낄 수 있었습니다.

세월이 갈수록 차가운 이론을 향한 관심이 적어집니다. 젊은 날에는 비논리적 언술에 비판적이었지만, 지금은 그 언술 너머에 있는 마음을 읽으려 노력하는 편입니다. 차가운 신학 이론이나 교리를 가지고 누군가의 삶을 재단하는 이들이 있습니다. 오류를 제거하는 데 필요한 일임을 압니다. 하지만 이론은 복잡한 현실을 담아내기에 턱없이 부족한 경우가 많습니다. 저는 냉정한 잣대를 들이대며 누군가를 배제하는 차가운 신학보다는 곁에 있는 사람의 숨죽인 울음소리를 듣고 그들을 소중하게 대하는 이들 속에서 거룩함을 발견합니다.

얼마 전에 우연히 읽은 글이 제 마음에 참 따뜻하게 남아 있습니다. 동국대 입구에 있는 빵집에 관한 이야기였습니다. 거대한 프랜차이즈들의 등장으로 그 빵집은 거의 문을 닫을 지경에 처해 있었다고 합니다. 몇 년 전 창업자의 손자가 그 사업을 맡았습니다. 그는 할아버지와 아버지 대^代로 이어져 온 빵집의 전통을 잘 지켜 내고 싶었습니다. 그래서 오래된 샹들리에도 손질만 하여 재사용하고, 옛날부터 벽에 부착되어 있던 벽화나 안내문도 그대로 살려 두었습니다. 옛 감성의 빵도 그대로 판매했습니다. 많은 이가 의구심을 품었습니다. 감성이 다른 세대에게 어필할 수 없다고 생각했기 때문입니다. 그러나 놀랍게도 많은 젊은이가 그 빵집을 찾기 시작했고 사업은 본궤도에 올랐습니다. 지금의 주인은 창업자인 할아버지가 들려주신 이야기를 가슴에 깊이 담아 두고 있었습니다.

너무나 손이 많이 가고 시간이 오래 걸려 기껏 하루 세 개밖에 못 만드는 빵이 있었어요. 할아버지한테 도대체 왜 이렇게 시간 뺏기면서 어느 날은 팔리지도 않는 빵을 만드시냐고 여쭤봤지요. 말이 안 되거든요. 그런데 할아버지께서는 이렇게 말씀하셨어요. "이 빵을 좋아하셔서 가끔 사러 오시는 할머니가 계신다. 이 빵만 좋아해서 드시는데 우리밖에 못 만드니 그 할머니를 위해서 만들어 드리는 거다."[52]

어쩌면 전통이란 이런 이야기가 쌓여 형성되는 것이 아

닐까요? 이해득실을 헤아리기보다는 누군가의 필요에 응답하려는 마음이 사랑이고 평화를 만드는 마음일 겁니다. 사람들은 새것을 좋아합니다. 낡은 것을 다 허물고 그 위에 새로운 것을 쌓아 올리는 것을 일러 '발전'이라고 말하기도 합니다. 그러나 그 새것 속에는 이야기가 깃들 여지가 별로 없습니다. 지금 우리 시대가 빈곤한 것은 사람들이 함께 살며 엮어 가는 이야기가 사라지기 때문인지도 모르겠습니다.

신앙인들은 이 우울한 시대를 다양한 색으로 물들일 수 있는 색의 마법사가 되어야 합니다. 세상은 끊임없이 우리 영혼을 납작하게 만듭니다. 중층적 사고를 할 수 없게 만든다는 말입니다. 우리 삶을 긴 안목에서 조망하는 시선을 빼앗길 때 삶은 전장으로 바뀝니다. 숨을 돌리려고 하는 순간 누군가가 나를 추월할지도 모른다는 조바심 때문에 멈추지도 못하는 이들이 참 많습니다. 분홍 구두를 신어서 계속 춤을 추어야 했던 안데르센 동화의 소녀처럼 우리는 휴식조차 없이 질주하고 있는 것은 아닌지요? 가끔은 멈추어 서야 합니다. 멈추어야 보이는 것들이 있습니다. 잘 보아야 잘 살 수 있습니다.

또다시 힘겨운 시간이 우리 앞에 배달되었습니다. 한숨만 내쉴 게 아니라, 그 시간 속에서도 하나님의 은혜의 빛을 발견할 수 있는 영의 눈이 열리면 좋겠습니다. 우리는 고립된 단자가 아닙니다. 잠시 떨어져 있지만 주님의 사랑 안에서 깊이 연결되어 있습니다.

돌아오는 주일은 교회력으로 한 해의 마지막 주일입니다. 전통적으로 이날은 왕 되신 그리스도를 기억하는 날입니다. 가장 낮은 자리에 서심으로 오히려 하나님 우편에 앉게 되신 주님을 깊이 묵상하며 지낼 수 있으면 좋겠습니다. 여러분의 삶을 통해 하나님의 현존이 오롯이 드러나기를 빕니다.

2020년 11월 19일

소망을 품은
기다림

지혜 있는 사람은 하늘의 밝은 빛처럼 빛날 것
이요, 많은 사람을 옳은 길로 인도한 사람은 별
처럼 영원히 빛날 것이다(단 12:3).

주님의 은총과 평화가 우리 가운데 늘 임하시기를 빕니다.

우리는 지금 교회력의 새로운 시작인 대림절을 기다리고 있습니다. 끝과 시작이 손을 잡고 시간의 한 사이클을 만들고 있다는 사실이 신비합니다. 홍수 이후에 하나님께서 노아에게 하셨던 말씀이 새삼스럽게 다가옵니다. "땅이 있는 한, 뿌리는 때와 거두는 때, 추위와 더위, 여름과 겨울, 낮과 밤이 그치지 아니할 것이다"(창 8:22). 계절의 변화를 통해 하나님의 섭리를 헤아리고, 그 시간의 갈피에 깃든 아름다움을 볼 수 있는 사람은 행복합니다.

기다림의 절기입니다. 막연한 기다림이 아니라 소망을 품은 기다림입니다. 기다림은 아직 오지 않는 대상을 우리 삶 속에 모셔 들이는 과정이기도 합니다. 다가오는 대림절기에 우리 마음 깊은 곳에 주님을 모실 준비를 착실히 하면 좋겠습니다. 신앙은 종말론적 미래를 앞당겨 살아 내는 일입니다. 우리가 바라는 세상을 여기서 시작하는 것이라는 말입니다. 우리는 모두 시간과 공간이라는 밭에 씨를 뿌리는 농부들입니다. 우리가 무엇을 뿌리느냐에 따라 세상의 모습 또한 달라질 겁니다.

날이 많이 차가워졌습니다. 교회 현관 앞에 나란히 놓아두었던 국화 화분을 다 안으로 들여놓았습니다. 오늘 아침

교육관 문을 열고 들어서는 순간 은은한 국화 향이 저를 반겨 주었습니다. 사람을 가리지 않고 다가오는 모든 이에게 향기를 나눠 주는 꽃의 너그러움이 참 고마웠습니다. 향기를 굳이 드러내려고 호들갑 떨지 않는 그 담담함이 더욱 귀하게 보입니다.

방역 단계가 올라가면서 교회 모임이 또다시 어려워졌습니다. 공간 수용 인원의 20퍼센트 정도만 출입을 허용한다고 합니다. 주기적으로 같은 상황이 반복되는 것 같아 혼란스럽습니다. 내일을 기약하기 어려운 현실입니다. 투덜거린다고 하여 상황이 좋아질 리 없으니 일단 받아들일 수밖에 없습니다. 상황이 더 나빠지면 대림절 내내 비대면 예배를 진행해야 할지도 모르겠습니다. 우리 영혼이 불안의 물결에 떠내려가지 않도록 영혼의 닻을 단단히 내려야 할 때입니다.

교회를 그리워하는 마음, 교우들과의 친밀한 교제를 그리워하는 마음을 표하는 분들이 점점 많아지고 있습니다. 그 마음을 왜 모르겠습니까? 김소월의 시 〈가는 길〉은 그리워하는 마음의 풍경을 우련하게 그려 냅니다.

그립다
말을할까

하니 그리워

그냥 갈까
그래도
다시 더한番…[53]

그립다고 말을 할까 망설이다가 그 말을 발설하는 순간
그리움이 밀려옵니다. 그냥 갈까 하는 생각도 들었지만 차
마 발걸음이 떨어지지 않아 주저주저하다가 다시 돌아보
는 그 미묘한 마음을 시인은 절묘하게 포착하고 있습니다.
우리 마음도 이런 것이겠지요?

얼마 전 좋은 벗들과 함께 읽었던 다산 정약용의 시가
떠오릅니다. 유배지에 머물면서 썼던 시인지라 고적함과
쓸쓸함이 고스란히 느껴집니다. 〈가동귀家僮歸〉라는 시입니
다. 가동은 집안일을 돌보는 하인을 가리키는 말 같습니다.
그는 다산의 가족들이 보내는 편지를 간직한 채 천 리가
넘는 먼 길을 걸어왔습니다. 그를 통해 건네진 편지를 읽
으며 다산은 가족들의 따뜻한 온기를 느낍니다. 그러나 가
동이 돌아가고 난 후 더 큰 적막감과 쓸쓸함이 몰려와 그
를 확고하게 사로잡았습니다.

편지를 받으니 이야기 나누는 듯하였는데
사람이 떠나고 나니 다시금 적막하다
아무 일도 말도 없으니 하늘은 막막하고
길만은 변함없이 아득하겠구나
새재의 길은 일천 구비요
탄금대 물길은 두 줄기라네

　귀양살이하고 있어 그 땅을 벗어날 수 없지만, 마음은
'가동'을 따라 집으로 가고 있습니다. 굽이굽이 휘돌며 이
어지는 새재 길이며 두 줄기로 뻗어 나가는 탄금대의 물길
도 눈에 선합니다. 그 재를 넘으면 한양길이 활짝 열릴 터
이지만 그럴 수 없습니다.

그저 한 쌍의 제비가 머물며
온종일 울어대니 사랑스럽구나
집소식 들어서 좋다 했는데
새로운 근심 갈래갈래 일어나네
못난 아내 날마다 운다고 하고
어린 자식 볼 날은 그 언제일까
박한 풍속 참으로 안타깝구나
뜬 말에도 아직은 불안하기만

무심히 바라보니 금실 좋은 제비 한 쌍이 처마를 넘나들며 온종일 재재거립니다. 그 사랑스러운 모습을 보니 그리움이 더욱더 깊어 갑니다. 차라리 소식을 듣지 못했더라면 좋았을 것을 집안 소식 듣고 나니 오히려 근심이 더 깊어 갑니다. 객지에서 고생하는 남편을 생각하며 날마다 우는 아내며, 죄인의 아들인지라 앞길이 막막하기만 한 자식들 생각에 가슴이 미어집니다. 더 견디기 어려운 것은 염량세태炎涼世態입니다. 좋은 시절에는 뻔질나게 드나들더니 형편이 어려워지자 이러쿵저러쿵 함부로 말하는 사람들이 많았습니다. 그 야박한 세상에 눌려 행여 가족들의 마음에 그늘이라도 깊어지는 것은 아닐까 노심초사할 수밖에 없습니다. 더욱 안타까운 것은 자신이 할 수 있는 일이 아무것도 없다는 사실입니다. 그는 스스로 자기 마음을 다독일 수밖에 없습니다.

아서라 이 또한 달게 받으리
세상살이 본래부터 괴로운 것을[54]

염려한다고 하여 상황이 달라지는 것이 아니니, 지금은 이 상황을 담담하게 받아들여야 합니다. 푸접 없는 세상이라 하여 울분을 터트리다가는 자신이 먼저 망가질 수 있음을 그는 알아차린 것입니다. 삶은 본래 하나님의 선물이지만 가끔은 견뎌야 할 만큼 괴로울 때도 있는 법입니다. 괴로움 없기를 바라는 마음이 오히려 우리 내면을 허약하게 만듭니다. 괴로움은 회피해야 할 것이 아니라 뚫고 가야 할 것인지도 모르겠습니다.

지금 우리에게 주어진 시간이 그러합니다. 기다림의 시간은 우리 마음을 그리스도의 마음에 접속하는 시간이어야 합니다. 대림절은 영원한 생명의 회임기懷妊期가 되어야 합니다. 주님은 우리 몸을 빌려 이 땅에 오려 하십니다. 불확실함과 혼돈과 공허가 가득한 세상이지만, 영혼이 맑고 따뜻한 사람들이 더욱 필요합니다. 하나님의 숨이, 그리스도의 영이 우리 속에 부어지기를 소망합니다. 병중에 계신 분들에게도 하나님의 치유 손길이 함께하시기를 빕니다. 차가운 날이 당분간 계속된다고 합니다. 옷 따뜻하게 입으시고, 목도리도 꼭 두르고 다니시면 좋겠습니다. 몸은 멀리 있어도 우리가 한 몸 공동체임을 잊지 마시기 바랍니다. 하루하루 맑고도 선선한 미소로 시대적 우울을 몰아내십시오. 주님이 우리와 함께하십니다.

2020년 11월 26일

가젤의 지혜

자비하신 하나님, 주님께 구하오니, 주께서 기
뻐하시는 것을 뜨겁게 원하고, 사려 깊게 탐구
하고, 진실하게 인식하고, 온전하게 설명하여
주님의 이름을 찬양하게 하옵소서. 아멘.
_토마스 아퀴나스

빛으로 오시는 주님의 은총과 평화가 우리 마음과 우리 가운데 임하시기를 빕니다.

날이 꽤 쌀쌀해졌습니다. 저절로 몸이 움츠러집니다. 저는 차가운 음료는 좋아하지 않지만 대기의 서늘함은 좋아합니다. 찬 기운을 느끼며 걸을 때 왠지 살아 있다는 느낌이 강렬해지기 때문일 겁니다. 가끔 소파에 느긋하게 기댄 채 다큐멘터리를 보다가 극한의 상황 속에서 살아가는 이들의 강인한 모습을 볼 때면 저도 모르게 몸을 곧추세우게 됩니다. 사막을 배경으로 사는 이들이나 혹한의 추위 속에서 살아가는 이들을 보면 사소한 불편조차 견디지 못하는 우리의 나약한 삶이 떠올라 부끄럽습니다.

지금도 몸을 누힐 한 평의 땅도 방도 없어 거리를 떠도는 분들이 계십니다. 추워하며 살게 해 달라고, 이불 얇은 자의 시린 마음을 헤아리게 해 달라고 기도했던 어느 시인의 마음이 참 거룩하게 다가옵니다. 생각해 보면 예수님도 세상에 머물 곳이 없었습니다. 외양간 말구유에 오신 분을 우리는 주님이라 고백합니다. 대림절이 시작되자마자 비대면 예배로 전환할 수밖에 없었지만, 교회 2층 로비에는 예년과 마찬가지로 구유가 놓여 있습니다. 바람막이조차 없는 외양간에 눕혀진 아기 예수. 동방 박사들은 그 놀라운 기적을 경외에 찬 눈으로 바라보고 있습니다. 소와 나귀와 양도 보입니다.

구유에 소와 나귀를 꼭 등장시키는 까닭은 알고 계시지요? 그것은 이사야서에 나오는 한 구절과 연결됩니다. "소도 제 임자를 알고, 나귀도 주인이 저를 어떻게 먹여 키우는지 알건마는, 이스라엘은 알지 못하고, 나의 백성은 깨닫지 못하는구나"(사 1:3). 짐승도 제 주인의 은덕을 아는데, 하나님의 이름으로 일컫는 백성들은 알지도 깨닫지도 못한다는 사실이 참 아프게 다가옵니다. '소'와 '나귀'는 우리의 부덕함을 상기시키는 일종의 거울입니다. 여기에 이어지는 구절은 하나님의 탄식입니다. "슬프다! 죄 지은 민족, 허물이 많은 백성, 흉악한 종자, 타락한 자식들! 너희가 주님을 버렸구나. 이스라엘의 거룩하신 분을 업신여겨서, 등을 돌리고 말았구나"(사 1:4).

세상에서 가장 아름다운 것이 타락하면 가장 추한 것이 되는 법입니다. '허물이 많은 백성', '흉악한 종자', '타락한 자식들'로 호명되는 것은 하나님을 등진 이스라엘이지만, 우리라고 별반 다를 바 없다는 생각에 모골이 송연해집니다. 구유 앞에 한참 동안 서 있었습니다. 당신의 백성들을 '흉악한 종자'라고 부르셨던 하나님의 마음이 곱다시 느껴졌기 때문입니다. 그럼에도 투미하기만 한 우리 영혼을 닦아 주실 분은 하나님뿐임을 알기에 그 은총 앞에 엎드릴 수밖에 없습니다.

아시다시피 구유 만들기 전통이 시작된 것은 13세기 프란치스코 성인을 통해서였습니다. 1223년 성탄절을 보름 앞두고 그는 로마에서 돌아와 폰테 콜롬보에 있는 은둔소에 머물고 있었습니다. 그는 자기가 세상을 떠날 날이 머지않았다는 사실을 알았기에 성탄절을 뜻깊게 보내고 싶었습니다. 마침 베들레헴을 방문했을 때의 기억과 함께 의문이 떠올랐습니다. '왜 그들은 구유를 만들어 놓지 않았을까?' 지인인 조반니 벨리타의 소유인 그레초 동굴에 구유를 만들면 좋겠다는 생각이 들었습니다. 그래서 조반니에게 서신을 보내 주님의 축일을 잘 지내기 위해 구유를 준비해 달라고 말합니다.

> 베들레헴에서 탄생하신 아기 예수님에 대한 기억을 되살리고자 합니다. 필요한 것 하나 갖추지 못한 그 갓난아기가 겪은 불편함을 최대한 생생하게 제 두 눈으로 보고 싶습니다. 아기가 어떻게 구유에 누워 있었는지, 그리고 황소와 나귀 옆에서 그 갓난아기가 어떻게 건초 더미 위에 누워 있었는지를 그대로 보고 싶습니다.[55]

조반니는 성인의 말을 따라 구유를 만들었고, 성탄절이

다가오자 많은 수사와 신자들이 그 구유 앞에 모여 그리스도 탄생의 신비를 경험하고 기쁨을 누렸다고 합니다. 우리도 동일한 기쁨을 누릴 수 있으면 좋겠습니다. 허물이 많은 우리조차 당신의 자녀로 인정하시는 그 한결같은 사랑이야말로 우리가 세상 물결에 따라 흘러가 버리지 않도록 붙들어 주는 영혼의 닻입니다. 아이들이 있는 집이라면 가족들과 함께 구유를 만들어 보는 것도 신앙적으로 유익할 것 같습니다. 매년 행하는 전통으로 삼아도 좋겠고요.

그러나 구유의 참 의미는 가난입니다. 주님은 스스로 낮은 자리에 오셨기에 밑바닥 사람들의 아픔을 고스란히 느끼실 수 있었고, 버림받음의 쓰라림을 견디셨기에 버림받은 이들의 신산스러움을 온몸으로 부둥켜안으셨습니다. 사회 분위기가 이러한지라 예년과 같은 떠들썩한 성탄절은 불가능하게 되었지만, 오히려 성탄절의 의미를 더 깊이 되새길 기회가 아닌가 싶습니다. 구유에 오신 주님을 떠올릴 때마다 동화 작가인 권정생 선생이 떠오릅니다. 그는 어린 시절 집에서 쫓겨나 거지 생활도 했고, 병으로 인해 말할 수 없는 고통을 겪기도 했습니다. 그가 1981년에 이오덕 선생에게 보낸 편지를 읽다가 가슴이 먹먹해졌습니다. 몸이 찢겨 나가는 것 같은 고통을 견디면서 그가 생각한 것은 이런 것이었다고 합니다.

결국 인간은 최악의 고통에서만이 진실할 수 있다는 것입니다. 배고픈 사람이, 추운 사람이, 질병의 아픔으로 괴로워하는 사람이 결코 점잖을 수도 없고, 성스러울 수도 없고, 거룩할 수도, 인자할 수도, 위엄이나 용기도 가질 수 없다는 것입니다. 진정한 자유를 찾는 자는 제목에 오랏줄이 감긴 그 사람뿐입니다. 그것을 깨닫는 사람은 심신의 고통을 지금 맛보고 있는 그 사람뿐입니다. 가장 절실한 인간의 목소리를 낼 수 있는 사람은 위대한 장군이나 성직자가 아닙니다. 지금 배고픈 사람, 지금 추위에 얼어 죽어가는 사람, 지금 병으로 괴로워 몸부림치고 있는 사람, 온갖 괴로움 속에 허덕이는 사람만이 진실을 말할 수 있습니다. 그렇게 수많은 밤을 사람들은 각양각색으로 새우고 있을 것입니다. 밤은 평안을 위해 있는 것이 아니라 인간의 수치와 어리석음을 보여주는 고통의 시간이기도 한 것입니다.[56]

하나도 그른 것 없는 진실입니다. 지금 고통을 겪고 있는 이들만이 진실을 말할 수 있다는 말을 부정할 수 없습니다. 그렇기에 우리는 더욱 겸허하게 그런 이들의 말에 귀를 기울여야 합니다. 대림절 기간이 그런 경청의 시간이 되었으면 좋겠습니다. 떠도는 말들, 우리 영혼을 어지럽히는 말들, 사람들을 갈라놓는 말들에 귀를 기울이느라 가장 밑바닥에서 들려오는 소리를 듣지 못하는 어리석은 사람들이 되지 말아야 하겠습니다.

더러 심신이 고달플 때면 카페에 가서 차 한잔을 마시며 책을 읽곤 했습니다. 이제는 당분간 카페에 머물 수도 없다는 생각이 드니 참 답답합니다. 이럴 때일수록 긴장을 푸는 지혜가 필요합니다. 아리아나 허핑턴이 들려주는 가젤 이야기가 흥미롭습니다.

> 가젤은 위험을 감지하면, 예컨대 표범이나 사자가 접근하면 부리나케 달아난다. 그러나 위험이 지나가면 곧바로 멈춰서서 아무런 근심도 없이 평화롭게 풀을 뜯기 시작한다. 안타깝게도 인간은 실제 위험과 상상의 위험을 구분하지 못한다.[57]

가젤의 지혜를 배워야 하겠습니다. 늘 긴장한 채 살 수는 없습니다. 일상 속에서 누릴 수 있는 작은 평화를 기뻐하며 누려야 합니다. 느긋한 평화를 추구하십시오. 쌀쌀한 날씨에 감기 조심하십시오. 시간을 마련하여 외로운 벗들에게 손편지라도 쓸 수 있으면 좋겠습니다. 제가 좋아하는 아일랜드 축복 기도로 여러분을 향한 제 마음을 드러내고 싶습니다. 꼭 이렇게 되었으면 좋겠습니다.

그대의 발이 닿는 곳마다 길이 닦여 있기를
바람이 언제나 그대의 등 뒤에서 불어오기를
오늘도 햇살이 그대의 얼굴을 따뜻하게 비추기를
그리고 단비가 그대의 대지 위에 부드럽게 내리기를
우리가 다시 만날 때까지,
하나님께서 그 크신 손으로 그대를 붙들어 주시기를
하나님께서 그 크신 손으로 그대를 붙들어 주시기를
아멘.[58]

2020년 12월 3일

함께 지어져 가는
우리

그의 안에서 건물마다 서로 연결하여 주 안에서
성전이 되어 가고 너희도 성령 안에서 하나님이
거하실 처소가 되기 위하여 그리스도 예수 안에
서 함께 지어져 가느니라(엡 2:21-22, 개역개정).

어두운 세상에 빛으로 오시는 주님의 은총과 평강이 교우 여러분 모두와 함께하시기를 빕니다.

　코로나19 상황이 심각한 지경에 이르고 있습니다. 불안함이 우리 마음을 시시각각 괴롭히기에 우리의 방패이신 주님의 도움을 청하지 않을 수 없습니다. 교회 공동체가 걸어온 한 해의 발자취를 돌아보고 또 새로운 한 해를 기획해야 하는 당회조차 비대면으로 진행해야 하는 상황이 비감스럽기만 합니다. 이것도 우리가 처한 현실이니 감내할 수밖에 없습니다. 각지에 흩어져서 선교 사역을 감당하던 초기 감리교도들은 모일 때마다 그들을 선한 길로 인도하신 하나님의 은혜를 되새기며 찬송을 함께 불렀다고 합니다. 우리도 그럴 수 있으면 좋겠습니다. 애썼다고, 고맙다고 등을 토닥여 주며 격려하고 격려받고 싶습니다. 찰스 웨슬리가 쓴 찬송시가 지금도 가슴 절절하게 와닿습니다.

　　　생전에 우리가 또 다시 모였네
　　　예수의 보호하심을 다 찬송하리라

　　　주 예수 은혜 힘입어 살 동안
　　　싸움터 같은 세상에 두려움 없었네

주 예수 변찮는 큰 사랑 베푸사
이때껏 인도하셨고 늘 인도하시리

구주의 권능을 힘입고 살았네
그 은혜 찬송하려고 이곳에 모였네

《통일찬송가》에 들어 있던 이 곡이 지금 찬송가에 빠져
있어 유감스럽습니다. 그렇지만 곡조는 찬송가 221장 〈주
믿는 형제들〉과 동일합니다. 위의 가사를 음미하며 찬송가
를 부를 때마다 감사의 심정에 사로잡힙니다. 한 하나님의
사랑 안에서 '우리'가 한 몸 공동체를 이루고 있다는 사실
이 그렇게 고마울 수가 없고, 우리가 한 길을 가고 있다는
사실이 그렇게 든든할 수가 없습니다. 참 고맙습니다.

코로나19가 신앙생활에 큰 도전이 된 것은 사실입니다.
교회에서 예배를 드릴 수 없는 상황이 마치 신앙의 중심
이 해체된 것처럼 여겨지기 때문입니다. 예배드리는 습관
이 무뎌진 것은 아닌지, 교회 출석을 하지 않는 것이 자연
스러워진 것은 아닌지 걱정이 많습니다. 실제로 조금이라
도 방심하면 우리 믿음은 흐릿해지게 마련입니다. 그러나
교우들께서 '언제나 어디서나 그리스도인'이라는 우리 교
회의 표어대로 살고 계심을 알기에 큰 걱정은 하지 않습

니다. 저는 그동안 우리 신앙의 진실함은 일상생활 속에서 입증되어야 한다고 말해 왔습니다. 이 말은 일상의 자리가 하나님의 현존을 경험하고 드러내는 자리여야 한다는 말입니다. 여러 가지 우려가 있음에도 불구하고 우리 교회가 방역 당국의 지침보다 선제적으로 대처해 왔던 것은 교우들에 대한 깊은 신뢰가 있었기 때문입니다.

그러나 온라인 예배나 성경 공부에 익숙하지 않은 분들도 많이 계십니다. 평생 교회를 중심으로 신앙생활을 해오신 분들이 느끼는 격절감과 소외감이 참 큽니다. 어떤 형태로든 접속을 유지하려고 애썼지만 충분하지 않았습니다. 주중에 가끔 본당에 올라가 가만히 앉아 있을 때가 있습니다. 문득 그 자리에 앉으시곤 하던 교우들의 얼굴이 떠오르면 함께 지냈던 시간을 반추하는 동시에 그분들을 위해 기도를 올리곤 했습니다. 교우들이 식탁 친교를 나누던 친교실도 거의 일 년째 쓸쓸한 고요만을 품고 있습니다. 아이들의 떠들썩한 소리가 잦아든 교육관이 무척 스산합니다. 그나마 교회 학교 학생들에게 배포할 영상 자료를 만들거나 꾸러미를 싸기 위해 교사들이 찾아올 때면 공간에 활기가 넘쳤습니다.

금년 한 해 동안 속회와 선교회 모임을 거의 가질 수 없었습니다. 소모임을 통해 경험하던 따뜻한 우애와 연대의 끈이 풀어지고 있는 것 같아 아쉽기만 합니다. 어떤 선교회 혹은 부서들은 SNS를 통해 서로 소통하고 신앙적 경험을 나누기도 하고, 성경 읽기 모임을 꾸려 가기도 했습니다. 새해에는 여건이 어렵더라도 선교회와 속회가 어떤 형태로든 모임을 이어 갈 수 있으면 좋겠습니다.

비대면 상황에서 양질의 영상 콘텐츠를 제공하기 위해 방송 미디어 부원들이 보여 준 사랑의 섬김과 헌신에 깊은 감사를 드립니다. 누가 알아주든 말든 매주 자체 평가를 해 가면서 개선 방향을 논의하는 과정이 참 아름다웠습니다. 어떤 형태로든 하나님께 찬양을 올리기 위해 노력해준 찬양대원들에게도 감사합니다. 하나님은 우리의 그런 노력을 귀히 보셨을 것입니다.

한 해가 흘러가는 동안 교우들 가운데 세상을 떠나 하나님께로 옮겨 간 분들이 여럿 계십니다. 감염병에 대한 우려로 가족 중심으로 슬픔의 시간을 견뎌야 했던 이들에게 주님의 위로와 평강이 함께하시기를 빕니다. 다른 한편 새롭게 태어난 아기들도 많았습니다. 어려운 시기에 새로운 생명이 탄생한다는 것은 하나님의 구원 계획이 지속되고 있음을 나타내는 징표처럼 여겨지기에 우리는 그 아기들을 하늘에서 온 메신저로 여기며 환영해야 합니다. 태어난 아기들이 부디 하나님의 뜻 안에서 아름다운 존재로 클 수 있기를 빕니다. 올해에도 많은 새로운 신앙의 길벗들이 우리의 순례 여정에 동행이 되었습니다. 온라인 세상은 공간적 거리를 뛰어넘는 소통의 가능성을 열어 주었습니다. 새로운 길벗들과 함께 걸으며 우리의 경험을 함께 나눌 때 우리의 구원 이야기는 더욱더 풍성하게 변할 것입니다.

온 세상이 아픈데 신앙인이라고 하여 무탈할 수만은 없습니다. 백척간두 끝에 선 듯 위태로운 나날을 보내는 분들도 계십니다. 미래의 전망조차 불투명하기에 더욱 절망의 어둠 속으로 내몰리는 분들도 계십니다. 혼돈과 공허에 포획되려는 순간 위로부터 오는 빛을 받아 삶의 용기를 되찾았다는 증언을 들었을 때 그저 주님을 찬양할 수밖에 없었습니다. 깊은 어둠 속에서도 촉수를 내밀어 물기를 찾는 실뿌리처럼 희망은 그렇게 조금씩 만들어 가야 하는 것인지도 모르겠습니다.

우리 교회가 어려움에 처한 미자립 교회들의 설 땅이 되어 줄 수 있으면 좋겠습니다. 할 수 있는 만큼 하면 됩니다. 올해도 기존의 지출 이외에도 상당히 많은 예산을 그 일을 위해 사용했습니다. 작은 개체 교회들이 겪는 어려움의 크기에 비하면 우리의 나눔은 너무 미약하지만, 그래도 우리가 하나의 교회에 속한다는 사실을 확인한다는 측면에서 의미가 있다고 생각합니다. 출애굽 공동체가 광야에서 먹을 것이 없어 울부짖을 때 하나님은 만나를 내려 주셨습니다. 만나는 축적할 수 없는 것이기에 나누어야만 했습니다. 성경은 그 나눔의 신비를 이렇게 전하고 있습니다. "오멜로 되어 보면, 많이 거둔 사람도 남지 않고, 적게 거둔 사람도 모자라지 않았다. 그들은 제각기 먹을 만큼씩 거두어들인 것이다"(출 16:18). 우리 교회가 출애굽 공동체가 그랬던 것처럼 모든 것을 똑같이 다 나눌 수는 없다 해도 그 일에 최선을 다해야 할 때인 것 같습니다.

우리 사회가 직면한 문제들이 참 많습니다만, 기후 변화에 신앙적으로 응답하는 일은 정말 시급하고도 중요한 과제가 되었습니다. 그런 커다란 과제가 있음에도 불구하고 새해에는 우리가 떨어져 있으면서도 더욱더 친밀하게 연결되어 있다는 사실을 느끼는 일에 마음을 쓰지 않을 수 없습니다. 그래서 새해 우리 교회는 '함께 지어져 가는 우리'라는 목표를 향해 나아가려고 합니다. 하나님이 우리 각자에게 주신 은사가 실로 다양합니다. 은사들은 다 달라도 목표는 하나입니다. 그리스도의 몸을 세우는 일에 사용하는 것입니다. 공동체를 세우기 위해 우선 필요한 것은 소속감과 정서적 연대입니다. 물론 그 연대의 중심은 그리스도입니다. 우리 각자가 그 중심에 연결될 때 우리 사이의 거리도 좁혀질 것입니다. 우리가 그리스도 안에서 함께 지어져 그리스도의 몸을 이룰 때 세상 사람들은 우리가 그리스도에게 속한 사람임을 알게 될 것입니다.

한국 사회는 다양한 모습으로 갈라져 있습니다. 갈라져 다투는 이들은 서로의 이야기에 귀를 기울이려 하지 않습니다. 진영 간의 싸움이 시작되면 진실은 간데없고 맹목적 투쟁만 남습니다. 이런 시기이기에 교회는 더욱 생명과 평화의 징표가 되어야 합니다. 하지만 지금 한국 사회를 무겁게 짓누르는 혐오와 배제와 분열의 많은 부분이 교회에서 비롯되었다는 사실이 기가 막힙니다. 새로운 교회 운동이 벌어져야 할 때입니다. 이러한 과제 앞에 어찌할 바를 몰라 하는 제게 함민복 시인의 〈산〉이라는 시는 교회가 어떠해야 하는지를 일깨워 줍니다.

당신 품에 안겼다가 떠나갑니다
진달래꽃 술렁술렁 배웅합니다
앞서 흐르는 물소리로 길을 열며
사람들 마을로 돌아갑니다
살아가면서
늙어가면서
삶에 지치면 먼발치로 당신을 바라다보고
그래도 그리우면 당신 찾아가 품에 안겨보지요

그렇게 살다가 영, 당신을 볼 수 없게 되는 날

당신 품에 안겨 당신이 될 수 있겠지요[59]

이 시에서 '당신'은 물론 '산'이지만, 그 산은 '누군가의 품'일 수도 있고 '교회'일 수도 있습니다. 품에 안겼다가 떠나가는 것들을 배웅하는 산, 봄이면 피었다 지는 진달래꽃도 순순하게 배웅하고, 계곡을 흐르는 물조차 붙잡지 않습니다. 시간 속을 흘러가다가 문득 그리우면 먼발치로 바라보고, 그리우면 찾아가 안길 수 있는 그런 산, 품, 교회가 있는 사람은 행복합니다. 저는 우리가, 그리고 우리 교회가 누군가에게 그렇게 느껴졌으면 좋겠습니다.

"선한 일을 여러분 가운데서 시작하신 분께서 그리스도 예수의 날까지 그 일을 완성하시리라고, 나는 확신합니다"(빌 1:6). 저는 이 확신을 붙들고 나아가려 합니다. 이 아름다운 신앙의 여정에 함께하는 이들이 있어서 참 다행입니다. 우리가 넘어지면 일으켜 세워 줄 이들이 있으니 말입니다. 우리가 함께 걷는 그 길 위에 그리스도의 향기가 배어들면 좋겠습니다. 주님의 은총이 모든 이들의 삶 가운데 함께하시길 빕니다.

2020년 12월 10일

어둠을 찢는
사람들

천사가 안으로 들어가서, 마리아에게 말하였다.
"기뻐하여라, 은혜를 입은 자야, 주님께서 그대
와 함께 하신다"(눅 1:28).

주님의 평안을 빕니다.

참 힘겨운 시간이 이렇게 지나가고 있습니다. 지난 주일 오후에 있었던 당회는 '줌zoom'이라는 플랫폼을 통해 진행 했습니다. 모일 수 없었기에 우리가 선택할 수 있는 최선 이었습니다. 낯선 소통의 창구였지만 많은 분이 동참해 주 셨습니다. 이렇게라도 할 수 있음이 다행스럽다 하겠습니 다. 모처럼 보이는 얼굴들이 그렇게 반가울 수가 없었습니 다. 특별한 결정 사항은 없었지만, 우리 공동체 구성원들이 서로를 그리워하는 마음은 여실히 느낄 수 있는 시간이었 습니다. 얼굴을 맞대고 만날 시간이 자꾸 미뤄지는 것 같 아 속상합니다.

새벽 기도회조차 할 수 없기에 새벽 묵상 영상을 올리기 시작했습니다. 애초의 계획은 대림절에 한시적으로 콘텐 츠를 제공하는 것이었습니다. 그런데 많은 분이 그 영상을 보며 하루를 힘차게 시작할 수 있게 되었다는 반응을 보여 주셔서, 아침 묵상 자료를 지속적으로 제공하는 것으로 계 획을 바꿨습니다. 더 많은 이가 동참할 수 있으면 좋겠습 니다. 짧은 묵상의 시간 끝에 교회와 성도들을 위한 기도 도 잊지 마시기 바랍니다.

매일 아침 10시면 중대본이 발표하는 확진자 현황에 귀 를 기울이게 됩니다. 좋은 소식을 기다리지만 여전히 심각한 상황입니다. 어지간하면 외출조차 삼간 채 지내고 있지만, 마치 불길한 안개가 스멀스멀 마을을 휘감듯 눈에 보이지 않는 이 은밀한 적이 어디에서든 출몰할 수 있다는 생각에 불안감이 깊어 갑니다. 최근 한두 주 사이에 교회발 확진자 수가 500명이 넘었다고 합니다. 모두가 조심하는 이 시기에 몇 주 연속으로 부흥회를 하고, 찬송가를 부르고 식사를 함께했다고 하니 참 할 말이 없습니다. 시민의 상식을 가뿐히 뛰어넘는 그들의 오도된 열정으로 인해 교회는 또다시 질타를 당하고 있습니다. 안타까운 일이 아닐 수 없습니다. 한국 전래 초기에 교회는 민족사 문제에 선제적으로 대응하면서 민중들의 삶에 파고들었습니다. 지금은 일반 시민 사회의 상식과 자꾸 동떨어지는 것 같아 안타깝기만 합니다.

그렇다고 하여 절망의 노래만 부를 수는 없습니다. 정진규 시인은 〈다시 별〉이라는 시에서 "누가 어둠을 조금씩 찢어내고 있다/ 빛이 샌다/ 내가 찢은 어둠,/ 어둠도 몇 개는 될 터인데/ 그것들도 별이 되었을까 빛이 되었을까"[60] 스스로 물었습니다. 어둠을 조금씩 찢어 내는 사람들, 그래서 별들을 탄생시키는 사람들이 필요합니다. 정치철학자 한나 아렌트는 나치 시대를 겪은 후에 '탄생성natality'이라는 개념을 제시했습니다. 죽음과 절망의 심연에서조차 희망을 향해 고개를 드는 인간의 끈질긴 희망을 나타내고 싶었기 때문일 겁니다. 그는 이 세계를 위한 희망을 품어도 된다는 사실에 대한 가장 웅장하고 간결한 표현을 복음서에서 찾았습니다. "한 아이가 우리에게 태어났도다." 성탄절을 내다보면서 우리가 잊지 말아야 할 것이 바로 이것입니다.

청년이 되어서야 처음 교회에 나간 제게는 성탄절의 추억이 많지 않습니다. 목회실 식구들에게 성탄절 추억을 들려 달라고 부탁했더니, '문학의 밤'을 준비하던 기억과 새벽송을 돌던 기억을 떠올리더군요. 마음에 두고 있던 사람과 짝이 되기를 소망하던 그 애틋하고 순수한 기억 또한 새로운 듯 보였습니다. 이맘때면 잊을 수 없는 것이 찬양대의 칸타타 연습일 겁니다. 하루 일과를 마친 고단한 시간이었음에도, 교회에 와서 김밥이나 호빵 같은 것으로 요기를 하고 밤늦도록 찬양을 하던 그 모습이 그립습니다. 아이들의 귀여운 노래와 율동 또한 생생하게 떠오릅니다. 무대 가까이 몰려와 카메라를 들고 자기 아이의 사랑스러운 모습을 담던 젊은 부모들의 모습 또한 새록새록 다가옵니다. 올해는 보기 어려운 광경입니다. 아쉽지만 어쩔 수 없습니다.

이런 상황 때문일까요? 문득 독일의 순교자인 디트리히

본회퍼가 떠올랐습니다. 대림절과 성탄 무렵에 사랑하는 가족들에게 보낸 편지 부분을 차분하게 읽었습니다. 히틀러 암살 모의에 가담했다는 죄목으로 감옥에 갇혀 지내면서도 성탄절은 꼭 가족들과 함께 보내고 싶었지만 그럴 수 없었기에 그는 아쉬움으로 가득한 편지를 보냅니다. 약혼자에게 보낸 편지는 애틋하지만, 부모님께 보낸 편지는 의연합니다. 1943년 12월 17일에 아버지 카를과 어머니 파울라 본회퍼에게 보낸 편지에서 디트리히는 아들이 의기소침해질까 봐 염려하실 부모님의 마음을 다독이고 싶어 합니다. 감옥에서 성탄절을 맞이할 아들 생각으로 부모님의 시간에 그림자가 드리워질까 걱정합니다. 그리고 자녀들에게 아름다운 성탄절을 경험하게 하려고 세심하게 준비하곤 하시던 두 분의 웅숭깊은 마음을 감사함으로 회상합니다. 그 따뜻하고 행복했던 경험이 있었기에 그는 과도기적 어려움을 극복할 수 있었다고 말합니다. 그리고 그는 이렇게 말합니다.

그리스도교의 관점에서 보면 성탄절을 감옥에서 맞이하는 것이 특별히 문제 될 것은 없습니다. 오히려 이곳에 있는 사람들이 단지 이 축제의 이름만을 가지고 있는 세상 사람들보다 더 의미 있고 참된 성탄절을 맞이

할 수도 있을 것입니다. 하나님 앞에서는 고난, 고통, 빈곤, 고독, 곤궁, 죄책 등이 인간의 판단과는 전혀 다른 것을 의미할 수도 있다는 것, 하나님께서는 사람들이 통상 고개를 돌리곤 하는 곳을 바라보고 계시다는 것, 그리스도께서 탄생하실 때 달리 계실 곳이 없었기 때문에 마구간에서 태어나셨다는 것, ― 이러한 사실들을 감옥에 있는 사람들은 밖에 있는 사람들보다 더 잘 이해하고 있으며, 그것 자체가 그들에게는 기쁨의 소식이랍니다. 이러한 사실을 믿는 사람들은 시간과 공간의 제약들을 뛰어넘어 그리스도교 공동체에 편입되며, 감옥의 벽들은 그 의미를 상실하게 됩니다.[61]

격절된 장소에 있기에 성탄절의 의미를 더 오롯이 새길 수 있다는 말이 우리에게 큰 도전이 됩니다. 이 말을 달리 이해하자면 우리가 성탄의 의미를 더 깊이 이해하기 위해서는 가장 낮은 자리에 있는 분들 곁에 다가서야 한다는 말이 될 것입니다. 마태복음 25장은 배고픈 사람을 먹이고, 목마른 사람에게 물을 주고, 헐벗은 사람을 입히고, 병자를 돌보고, 나그네를 맞아들이고, 감옥에 갇힌 이들을 찾아가는 것이야말로 주님을 참으로 영접하는 것이라고 가르칩니다. 늘 그랬던 것처럼 올해 우리 교회의 성탄 헌금은 그런 분들을 위해 사용하려 합니다.

　불편하고 불쾌한 일들이 많은 나날이지만, 우리는 그 척박한 현실 속에 기쁨과 희망을 파종하라고 부름받은 사람들입니다. 형편이 어떠하든 주위에 밝은 기운을 불어넣을 수 있으면 좋겠습니다. 가장 어려운 선택의 시간 앞에 서 있는 마리아에게 천사는 "기뻐하라"고 말합니다. 천사가 말하는 기쁨은 하늘에 접속된 자만 누릴 수 있는 기쁨일 것입니다. 우리 모두 그 기쁨을 맛볼 수 있으면 좋겠습니다. 그 기쁨은 멀리 서서 관망하는 이들이 아니라, 하나님께 자기 운명을 내던진 이들만 맛볼 수 있습니다. 어둠이 점점 깊어 가고 있지만, 그만큼 빛이 도래하는 시간 또한 가까워 오고 있습니다. 이 희망을 꼭 붙잡고 오늘도 내일도 주님과 동행하는 기쁨 누리시기를 빕니다. 주님의 평안이 우리 모두 가운데 함께하시길 빕니다.

2020년 12월 17일

은총의 신비 속으로

아침에는 주님의 사랑으로 우리를 채워 주시
고, 평생토록 우리가 기뻐하고 즐거워하게 해
주십시오. 우리를 괴롭게 하신 날 수만큼, 우리
가 재난을 당한 햇수만큼, 우리에게 즐거움을
주십시오(시 90:14-15).

주님의 은총과 평강이 우리 가운데 함께하시기를 빕니다.

어느덧 한 해의 끝에 당도했습니다. 험한 파도에 시달리며 항해한 배처럼 우리 몸과 마음에 새겨진 흔적이 깊습니다. 상처도 많고 달라붙은 것들도 참 많습니다. 그래도 우리 이렇게 견뎠습니다. 아슬아슬한 희망을 가슴에 품고 고단한 시간을 건너왔습니다. 아직 평안의 포구에 당도하지는 못했지만, 그래도 새로운 한 해를 내다볼 수 있는 자리에 이르렀다는 것이 참 고맙습니다. 후회와 자책이 없을 수는 없지만, 그래도 스스로 자기 손을 끌어 머리에 얹고 장하다고 말해도 괜찮을 것 같습니다.

엊그제 TV를 보다가 가슴 찡한 광경과 만났습니다. 며칠 동안 어촌 마을에 사는 어민들의 일상을 취재하던 이들이 작별 인사를 건네자 할머니 한 분이 시선을 외면한 채 "잘 가라"고 하시다가 문득 뭔가 생각났는지 잠시 기다리라고 하셨습니다. 그리고 창고에서 스티로폼 상자에 든 뭔가를 들고 나왔습니다. 가자미라며, 어촌에서 줄 수 있는 게 이것밖에 없다며 취재진에게 건넸습니다. 받을 수 없다고 손사래 치는 이들에게 할머니는 "따뜻한 밥 한 끼라도 정성껏 대접해 드리지 못해 미안합니다"라고 말씀하셨습니다. 스산하기 이를 데 없는 시절에 할머니의 그런 마음 씀은 제 속에 온기를 불어넣었습니다. 저는 혼잣소리로 "저 마음 하나면 그만인데" 하고 말했습니다. 그런 따뜻함과 배려야말로 세상의 어떤 이론보다 더 소중한 것이 아닐까요? 저물어 가는 한 해를 돌아보며 우리 마음의 풍경을 돌아보아야 하겠습니다.

코로나19가 처음 번져 갈 즈음 저는 비교적 가벼운 마음으로 예배를 비대면으로 드리겠다고 말씀드렸습니다. 한두 주만 잘 넘기면 상황이 좋아질 거로 생각했으니, 지금 생각하면 참 근거 없는 낙관론이었습니다. 부활절과 성탄절을 예배당에서 함께 경축하지 못한 것은 아마 우리 생애의 첫 경험일 것입니다. 지금 우리는 팬데믹 한복판에 있기에 이 시간의 의미를 온전히 가늠할 수 없지만, 먼 훗날 이 암담했던 기억을 떠올리게 될 것입니다. 그때 우리는 어떤 이야기를 할까요? "그래도 그때가 좋았어!"라고 말하지 않아도 되기만을 바랍니다. 지금 우리는 3차 대유행 시기를 지나고 있습니다. 두 차례 경험했던 것보다 그 파고가 높고, 또 길어지고 있습니다. 큰일 없이 이런 상황이 지나가도 제4, 제5의 대유행 시기가 올 가능성도 있다고 하니 더욱 긴장해야 할 것 같습니다.

누구나 그렇지만 많은 분이 난감한 시간을 견디고 있습니다. 코로나19만 우리를 괴롭힌 건 아닙니다. 기후 위기가 빚은 홍수 피해가 자못 심각했고, 도처에서 일어난 산불 피해도 막심했습니다. 자영업자들이나 소상공인들도 생존의 위기에 직면해 있습니다. 거리를 조금만 걸어 보아도 문 닫은 가게가 즐비합니다. 인파에 떠밀려 다녀야 했던 명동 거리도 한산하기만 합니다. 소득은 줄고, 두려움은 커지고 있습니다. 친밀한 관계의 가능성은 줄어들고 불확실성은 심해지고 있습니다. 우리는 자신도 모르는 사이에 감시자가 되었습니다. 마스크를 쓰지 않은 사람을 보면 눈살을 찌푸리고, 지하철이나 버스에서 큰 소리로 전화하는 이들을 보면 눈총을 주기도 했습니다. 행여 감염의 매개가 될까 무서워 사람들 만나기를 꺼립니다. 낯선 외로움이 우리 삶을 휩쓸고 있습니다.

유대교 랍비인 나오미가 들려주는 이야기입니다. 칠십대 중반에 이른 외할아버지에게 갑자기 우울증이 찾아왔습니다. 온종일 의자에 앉아 사람을 빤히 쳐다보기만 할 뿐 어떤 일에도 의욕을 보이지 않았습니다. 사랑하는 사람과 일평생을 함께했고, 아들딸과 손자·손녀로 대가족을 이루고 있었고, 사업 또한 번창했고, 건강 또한 좋았습니다. 우울감에 빠질 이유가 없다고 느낀 엄마가 할아버지에게 물었습니다. "아버지 왜 그러세요? 무슨 일 있으세요?" 잠자코 있던 할아버지가 대답했습니다. "이제 아무도 없

다!"그리고 이렇게 덧붙였습니다. "키비츠할 사람이 하나
도 없다." 그에게 결핍된 키비츠^{kibbitz}란 무엇일까요?

> '키비츠'는 이디시어로 친구들과 격의 없이 지내는 모
> 든 것을 두루 일컫는 단어다. 몰려다니며, 농담하고, 수
> 다피우고, 놀리고, 이야기하고, 마음의 짐을 풀어놓고,
> 귀 기울여 들어주고, 킬킬거리는 등등….[62]

때로는 하찮아 보이고 시간 낭비처럼 보이는 일들이 어
쩌면 우리 삶을 지탱하는 토대인지도 모르겠습니다. 지금
우리도 이런 시간을 그 어느 때보다 그리워합니다. 날이
갈수록 우정 공동체가 그립습니다. 이런 상황이 너무 길어
지면 '줌'으로라도 잡담회를 다시 시작해야 하는 게 아닌
지 모르겠습니다. 창의적인 제안을 해 주시면 좋겠습니다.
올 한 해 무엇보다도 속상했던 것은 개신교회가 지탄
의 대상으로 전락했다는 사실입니다. 새삼스러운 일은 아
니지만, 유난히 개신교회발 감염에 대한 보도가 많다 보니
사람들의 시선이 더 차가워졌습니다. 목회데이터연구소의
발표를 보니 불교와 가톨릭에 대한 호감은 커졌지만, 개신
교회에 대한 호감은 확연히 줄었습니다. 심지어 개신교 하
면 떠오르는 것이 무엇이냐는 질문에 '거리를 두고 싶은',

'이중적인', '사기꾼 같은'이라는 대답이 많았다고 합니다. 성내고, 소리 지르고, 비꼬는 사람들의 얼굴이 떠오른다는 것입니다. 시민의 상식에서 멀어진 교회에 대한 냉정한 평가입니다. 신앙생활이란 우리 일상적 삶의 자리에 하늘의 통치를 가져가는 것이건만, 너무나 많은 이들이 배타적인 동시에 편협한 믿음에 머물고 있습니다.

이스라엘의 소설가이자 평화운동가인 아모스 오즈는 '광신주의의 씨앗은 언제나 결코 타협하지 않는 정당성에 기생'하는 것이라고 말합니다. 타협하지 않음은 물론 신앙적 확신이라는 외피를 입고 등장합니다. 아모스는 모든 광신자에게는 특별한 공통점이 있다고 말합니다.

> 그들은 저속함^{kitsch}을 몹시도 좋아하고, 그런 취미에 매달립니다. 대체로 광신자의 머릿속에는 '하나'라는 숫자밖에 없고 '둘' 이상의 복수^{複數}는 너무나 큰 숫자라 흡사 머릿속으로 집어넣지 못하는 듯한 형국이기까지 합니다. 동시에 광신자들은 대책 없이 감상적인 측면이 많습니다. 그들은 이성보다 감정을 좋아하고, 자신의 죽음에 지나치게 매혹되어 있습니다.[63]

광신자들은 자기와 다른 생각을 지닌 이들을 억지로라

도 변화시키려 합니다. 그들은 다른 이들을 있는 그대로 받아들이지 못하고 뭔가 결핍된 사람으로 여깁니다. 삶은 본래 모호하고 복잡한 것인데, 그들은 스스로 정답을 알고 있다고 생각합니다. 아모스는 광신자들에게 결핍된 것이 유머 감각이라고 말합니다. 유머란 자기를 객관적으로 바라보고 자기 자신을 풍자할 수 있는 능력에서 발현됩니다. 냉소주의자들은 유머를 모릅니다. 여유가 없기 때문입니다. 삶이 힘겨울수록 명랑하게 지낼 수 있어야 합니다. 명랑한 이들과 만나면 우리를 짓누르던 삶의 무게가 조금 줄어드는 걸 느낄 수 있습니다. 한 해가 다 가기 전에 우리 영혼을 따뜻하게 만들어 준 고마운 이들에게 감사의 마음을 전하면 좋겠습니다.

송구영신 예배에도 우리는 직접 얼굴을 대할 수 없습니다. 그러나 늘 그러했듯이 떼제 찬양을 함께 부르며 기도하는 시간을 가지려고 합니다. 성찬도 준비하고 있습니다. 온 가족이 함께 모여 그리스도의 살과 피를 먹고 마시는 거룩한 시간을 통해 깊이 결속되기를 바랍니다. 여러 해 전, 미국 버몬트주에 있는 작은 수도원에 잠시 머물 때 한 수사님에게 들었던 이야기가 떠오릅니다. 그 수도원은 남미에서 정치적 박해를 피해 망명한 이들을 가족으로 맞아들였다고 합니다. 그들은 신분이 노출되는 것을 꺼려 늘 모자를 깊이 눌러쓰고 지냈고, 할 수 있는 한 외부인과 접촉하지 않으려 했답니다. 그 가족들이 첫 번째 성찬에 참여했을 때, 수사들은 아기를 품에 안은 어머니가 성찬 떡을 갓난아기의 입에 조심스레 넣어 주는 모습을 보았습니다. 자기들로서는 상상할 수도 없는 일이었습니다. 그러나 그 수사님은 그 광경을 보며 성찬의 신비를 깊이 이해하게 되었다고 말했습니다. 성찬은 딱딱한 교회 의례가 아니라 생명을 살리는 의식이었던 것입니다. 두려움 속에 있는 이들을 어루만지는 하나님의 음식이었으니 말입니다. 여러분도 성찬을 통해 그런 경험을 할 수 있으면 좋겠습니다.

한 해 동안 여러분이 계셔서 참 든든했습니다. 올해 우리 교회 가족이 되었지만, 아직 깊은 친교를 경험하지 못한 분들에게도 감사의 인사를 올립니다. 올 한 해를 주님 안에서 잘 마무리하시고, 가슴 벅찬 새해를 맞이하시기를 빕니다. 우리는 주님의 빛을 받아 환히 열린 미래를 바라봅니다. 괴로움의 시간은 결국 지나갈 겁니다. 주님의 은총이 우리 가운데 임하시기를 빕니다.

2020년 12월 31일

주註

1. 고정희, 〈상한 영혼을 위하여〉, 《이 시대의 아벨》, 문학과지성사, 2019.

2. 정진규, 〈별〉, 《별들의 바탕은 어둠이 마땅하다》, 문학세계사, 1990.

3. 김소월, 〈가는 길〉, 《초판본 진달래꽃》, 소와다리, 2015.

4. What is the Corona/Covid-19 virus really teaching us?

5. 봄날.

6. 비로소 따듯해짐.

7. 꽃이 만발하여 흩어진 모양.

8. 대청 앞.

9. 뒤섞여서 어지러이 나는 모양.

10. 제때를 얻음.

11. 스스로 즐김.

12. 김기림, 〈바다와 나비〉, 《바다와 나비》, 시인생각, 2013.

13. 칼 라너, 손성현 옮김, 《칼 라너의 기도》, 복있는사람, 2020, 181-182쪽.

14. 제라드 맨리 홉킨스, 김영남 옮김, 《홉킨스 시선》, 지식을만드는지식, 2014.

15. 하종오, 〈참나무가 대나무에게〉, 《벼는 벼끼리 피는 피끼리》, 창비, 1981.

16. 2020년 5월 24일.

17. 1739년 3월 28일 편지.

18. 다니카와 슌타로, 〈지구가 너무도 사나운 날에는〉, 《이십억 광년의 고독》, 김응교 옮김, 문학과지성사, 2009.

19. 제러미 리프킨, 《공감의 시대》, 이경남 옮김, 민음사, 2010, 294쪽.

20. 미쉘 꽈스트, 《참 삶의 길》, 조철웅 옮김, 성바오로출판사, 1989, 83쪽.

21. 레베카 솔닛, 《이 폐허를 응시하라》, 정해영 옮김, 펜타그램, 2009, 33쪽.

22. 구상, 〈진실로 제 나라 제 겨레를〉, 《구상 시 전집》, 서문당, 1986.

23. 네이선 D. 미첼, 《예배, 신비를 만나다》, 안선희 옮김, 바이북스, 2014, 64쪽.

24. 네이선 D. 미첼, 앞의 책, 67쪽.

25. 에라스무스, 《우신예찬》, 김남우 옮김, 열린책들, 2011.

26. 헤르만 헤세, 〈고백〉, 《인생의 노래》, 김재혁 옮김, 이레, 2001, 148쪽.

27. 밤이나 도토리 따위의 속껍질.

28. A. 아우구스티누스, 《고백록》, 최민순 옮김, 성바오로딸수도회, 2010, 제8권 4장.

29. 최종원, 《텍스트를 넘어 콘텍스트로》, 비아토르, 2019, 97쪽.

30. 존 웨슬리, "관용의 정신", 《웨슬리 설교전집 3》, 한국웨슬리학회 편, 조종남·김홍기·임승안 외 공역, 기독교서회, 2019, 61쪽.

31. 김종삼, 〈묵화〉, 《김종삼 시선》, 지식을만드는지식, 2004.

32. 반칠환, 〈어머니5〉, 《뜰채로 죽은 별을 건지는 사랑》, 시와시학사, 2012.

33. 칼 라너, 《칼 라너의 기도》, 손성현 옮김, 복있는사람, 2019,

188-189쪽.

34. 푸른 하늘.

35. 산에 가득 찬 단풍잎.

36. 화장할 때 두 볼에 찍어 바르는 붉은 색.

37. 가을 빛.

38. 비스와바 쉼보르스카, 〈두 번은 없다〉, 《끝과 시작》, 최성은 옮김, 문학과지성사, 2016.

39. A. 아우구스티누스, 앞의 책.

40. 고진하, 〈모과〉, 《야생의 위로》, 천년의시작, 2020.

41. 헬렌 니어링, 《인생의 황혼에서》, 전병재 · 박정희 옮김, 민음사, 2002, 30-31쪽. 1840년에 윌리엄 엘러리 채닝이 "루시 에이킨에게 보내는 편지" 중에서.

42. 김광규, 〈춘추春秋〉, 《시간의 부드러운 손》, 문학과지성사, 2013.

43. 황지우, 〈너를 기다리는 동안〉, 《바깥에 대한 반가사유》, 휴먼앤북스, 2010.

44. 김현승, 〈나무〉, 《마지막 지상에서》, 창비, 1975.

45. 마르틴 부버, 미카엘 네프 편집, 《성자가 되기를 거부한 수도승》, 류시화 옮김, 푸른숲, 1990, 67쪽.

46. 《월간 전라도닷컴》, 2020년 10월 222호, 19쪽.

47. 마종기, 〈겨울 기도1〉, 《그 나라 하늘빛》, 문학과지성사, 2014.

48. 디트리히 본회퍼, 《신도의 공동생활/성서의 기도서》, 손규태 · 정지련 옮김, 대한기독교서회, 2010, 98쪽.

49. 디트리히 본회퍼, 앞의 책, 99쪽.

50. 디트리히 본회퍼, 앞의 책, 101쪽.

51. 디트리히 본회퍼, 앞의 책, 103쪽.

52. 2020년 11월 3일에 방영된 tvN 〈그때 나는 내가 되기로 했다〉

3화 방송을 토대로 '꿈꾸는섬(https://happist.com/)'이라는 웹사이트에 올라온 태극당 사례 연구.

53. 김소월, 앞의 책.

54. 정약용, 〈가동귀〉: 송대선 목사가 번역한 글을 인용했다.

55. 프란치스코가 1223년 12월에 조반니 벨리타에게 보낸 편지.

56. 권정생·이오덕·임길택, 《살구꽃 봉오리를 보니 눈물이 납니다》, 보리, 2010. 이오덕과 권정생이 주고받은 아름다운 편지.

57. 아리아나 허핑턴, 《제3의 성공》, 강주헌 옮김, 김영사, 2014, 81쪽.

58. 저자가 직접 번역한 것으로 원문은 아래와 같다.

    An Old Irish Blessing

    May the road rise up to meet you.

    May the wind always be at your back.

    May the sun shine warm upon your face,

    and rains fall soft upon your fields.

    And until we meet again,

    May God hold you in the palm of His hand.

59. 함민복, 〈산〉, 《모든 경계에는 꽃이 핀다》, 창비, 1996.

60. 정진규, 〈다시 별〉, 《별들의 바탕은 어둠이 마땅하다》, 문학세계사, 1990.

61. 디트리히 본회퍼, 《저항과 복종》, 손규태·정지련 옮김, 대한기독교서회, 2010, 315-316쪽.

62. 나오미 레비, 《아인슈타인과 랍비》, 최순님 옮김, 한국기독교연구소, 2020, 213쪽.

63. 아모스 오즈, 《광신자 치유》, 노만수 옮김, 세종서적, 2017, 61-62쪽.

그리움을 품고 산다는 것
아슬아슬한 희망을 품고 고단한 시간을 건너는 길벗들에게

김기석 지음

2021년 2월 25일 초판 1쇄 발행

펴낸이 김도완   **펴낸곳** 비아토르
등록 제406-2017-000014호(2017년 2월 1일)   **주소** 경기도 파주시 문발로 197 102호
                                                        (우편번호 10881)
전화 031-955-3183   **팩스** 031-955-3187
전자우편 viator@homoviator.co.kr

편집 이은진   **디자인** 임현주
제작 제이오   **인쇄** (주)민언프린텍
제본 (주)정문바인텍

ISBN 979-11-88255-87-0 03230   **저작권자** ⓒ 김기석, 2021